EX. C SALLVSTII CRISPI
DE CATILINAE CONIVREATIONE LIBRO
ET M. TVLLII CICERONIS
ORATIONIVS IN CATILINAM

CATILINA

EX. C SALLVSTII CRISPI
DE CATILINAE CONIVREATIONE LIBRO
ET M. TVLLII CICERONIS
ORATIONIVS IN CATILINAM

CATILINA

AD VSVM DISCIPVLORVM EDIDIT
HANS H. ØRBERG

Focus Publishing
R. Pullins Company
www.focusbookstore.com

Part of the
LINGVA LATINA
PER SE ILLVSTRATA
series

For further information on the complete series and new titles, visit www.focusbookstore.com.

Catilina
© 2005 Hans Ørberg
Domus Latina, Skovvangen 7
DK-8500 Grenaa, Danimarca

USA Edition
Reprinted with permission in 2014
Published and distributed by Focus Publishing/R Pullins Company with permission of
Domus Latina

Focus Publishing/R Pullins Company
PO Box 369
Newburyport, MA 01950
www.focusbookstore.com

ISBN 13: 978-1-58510-367-6

Printed in the United States of America.

11 10 9 8 7 6 5 4 3 2

0814W

RES QVAE HOC LIBRO CONTINENTVR

In margine pāginārum explānantur vocābula
quae nōn reperiuntur in librīs quī īnscrībuntur
LINGVA LATINA PER SE ILLVSTRATA
PARS I: FAMILIA ROMANA
PARS II: ROMA AETERNA

ITALIA

Allobroges

Pistoria ○Faesulae

Arretium ○

Camerinum ○

Etruria

Umbria

Picenum

Forum Aurelium ○

○ Reate

Corsica

Roma ○

○ Praeneste

Samnium

Apulia

Tarracina ○

Capua ○

○ Nuceria

Brundisium ○

Sardinia

Lucania

Bruttium

○ Croton

Sicilia

CONSVLES ROMANI

annō a. C.		annō a. u. c.
66	*M'. Aemilius Lepidus* *L. Volcatius Tullus*	DCLXXXVIII
65	*L. Aurēlius Cotta* *L. Mānlius Torquātus*	DCLXXXIX
64	*L. Iūlius Caesar* *C. Mārcius Figulus*	DCXC
63	*M. Tullius Cicerō* *C. Antōnius*	DCXCI
62	*D. Iūnius Sīlānus* *L. Licinius Mūrēna*	DCXCII

C. SALLVSTII CRISPI
DE CATILINAE CONIVRATIONE

[Dē fāmā quaerendā]

1 Omnēs hominēs quī sēsē student praestāre cēterīs animā-
libus summā ope nītī decet, nē vītam silentiō trānseant
velutī pecora, quae nātūra prōna atque ventrī oboedi-
entia fīnxit. Sed nostra omnis vīs in animō et corpore
sita est; animī imperiō, corporis servitiō magis ūtimur,
alterum nōbīs cum dīs, alterum cum bēluīs commūne
est. Quō mihi rēctius vidētur ingenī quam vīrium opibus
glōriam quaerere et, quoniam vīta ipsa quā fruimur
brevis est, memoriam nostrī quam māximē longam
efficere. Nam dīvitiārum et fōrmae glōria flūxa atque
2 fragilis est, virtūs clāra aeternaque habētur. ... Sed multī
mortālēs, dēditī ventrī atque somnō, indoctī incultīque
vītam sīcutī peregrīnantēs trānsiēre; quibus profectō
contrā nātūram corpus voluptātī, animus onerī fuit.
Eōrum ego vītam mortemque iūxtā aestimō, quoniam
dē utrāque silētur. Vērum enimvērō is dēmum mihi
vīvere atque fruī animā vidētur quī aliquō negōtiō intentus praeclārī facinoris aut artis bonae fāmam quaerit.

Sed in magnā cōpiā rērum aliud aliī nātūra iter osten-
3 dit. Pulchrum est bene facere reī pūblicae, etiam bene
dīcere haud absurdum est; vel pāce vel bellō clārum
fierī licet; et quī fēcēre et quī facta aliōrum scrīpsēre,
multī laudantur. Ac mihi quidem, tametsī haudquāquam
pār glōria sequitur scrīptōrem et āctōrem rērum, tamen
in prīmīs arduum vidētur rēs gestās scrībere: prīmum

studēre +*acc*+*īnf* : cupere
silentiō : ita ut dē iīs sileā-
  tur (: nūlla sit fāma)
vel-utī = velut
prōnus -a -um = inclīnātus
  (↔ ērēctus)
fingere = efficere (figūrā),
  (reī) figūram dare

bēlua -ae *f* = bēstia

nōm -ium/-ius, *gen* -ī = -iī:
  ingen*ī* = ingen*iī*
  [in´gen*ī*]

nostrī (*gen*) = dē nōbīs

flūxus -a -um (< fluere)
  = varius, incertus
virtūs (↔ vitium) = hones-
  tās, dignitās, fidēs
in-cultus -a -um = rudis
peregrīnārī (< peregrīnus) =
  terrās aliēnās peragrāre
voluptātī esse : voluptātem
  afferre, iūcundum esse
onerī esse = molestum esse
iūxtā *adv* = aequē

.dē utrāque silētur : dē iīs nec
  vīvīs nec mortuīs fāma est
anima : vīta

aliud aliī (*dat*), aliud aliī

absurdus -a -um = vānus,
  stultus

haud-quāquam = nē-
  quāquam
āctor rērum = quī rēs agit

in prīmīs = praecipuē
arduum : difficile

5

ex-aequāre (+ *dat*) = aequum
  facere (atque)
: *ea* quae dīxeris cum dēlicta reprehenderis
  male-volentia < *male-*
  volēns (< male velle)

quae suprā ea (: difficiliōra)
sunt
prō falsīs dūcere = falsa
  esse exīstimāre
adulēscentulus -ī *m* = adulēscēns (vix xx annōrum)

pudor = modestia
abstinentia -ae *f* < abstinēns
animus *meus* (: ego)
a-spernārī = spernere
īn-solēns + *gen* = quī nōn
  solet (facere), ignārus
ambitiō -ōnis *f* = cupiditās
  honōris
cum... dissentīrem = etsī ...
  dissentiēbam
fāmā : malā fāmā

vexāre = turbāre; honōris
  cupīdō... mē vexābat
animus *meus* (: ego)

aetātem : vītam

mihi nōn fuit cōnsilium
socordia -ae *f* = dēsidia -ae
  f = inertia, ignāvia
con-terere = cōnsūmere
aetātem/vītam agere =vīvere
ā quō inceptō....., eōdem regressus : regressus ad idem
  inceptum studiumque ā quō
  mē ambitiō mala detinuerat
dē-tinēre = abs-, retinēre
carptim *adv* = singulās ex-
  cerpēns
per-scrībere = accūrātē s.
partēs (reī pūblicae)
  = factiōnēs

ab-solvere = plānē ex-
  pōnere, nārrāre

quod factīs dicta exaequanda sunt; dehinc quia plērīque,
quae dēlicta reprehenderis, malevolentiā et invidiā dicta
putant; ubi dē magnā virtūte atque glōriā bonōrum
memorēs, quae sibi quisque facilia factū putat, aequō
animō accipit, suprā ea velutī ficta prō falsīs dūcit.

Sed ego adulēscentulus initiō, sīcutī plērīque, studiō
ad rem pūblicam lātus sum, ibique mihi multa adversa
fuēre. Nam prō pudōre, prō abstinentiā, prō virtūte
audācia, largītiō, avāritia vigēbant. Quae tametsī animus
aspernābātur īnsolēns malārum artium, tamen inter tanta
vitia imbēcilla aetās ambitiōne corrupta tenēbātur; ac
mē, cum ab reliquōrum malīs mōribus dissentīrem,
nihilō minus honōris cupīdō eādem quā cēterōs fāmā
atque invidiā vexābat.

Igitur, ubi animus ex multīs miseriīs atque perīculīs 4
requiēvit et mihi reliquam aetātem ā rē pūblicā procul
habendam dēcrēvī, nōn fuit cōnsilium socordiā atque
dēsidiā bonum ōtium conterere, neque vērō agrum co-
lundō aut vēnandō, servīlibus officiīs, intentum aetātem
agere; sed ā quō inceptō studiōque mē ambitiō mala
dētinuerat, eōdem regressus statuī rēs gestās populī
Rōmānī carptim, ut quaeque memoriā digna vidēbantur,
perscrībere, eō magis quod mihi ā spē, metū, partibus reī
pūblicae animus līber erat. Igitur dē Catilīnae coniūrātiōne quam vērissimē poterō paucīs absolvam; nam id
facinus in prīmīs ego memorābile exīstimō sceleris
atque perīculī novitāte. Dē cuius hominis mōribus pauca
prius explānanda sunt quam initium nārrandī faciam.

6

[Dē Catilīnae mōribus]

5 L. Catilīna, nōbilī genere nātus, fuit magnā vī et animī et corporis, sed ingeniō malō prāvōque. Huic ab adulēscentiā bella intestīna, caedēs, rapīnae, discordia cīvīlis grāta fuēre, ibique iuventūtem suam exercuit. Corpus patiēns inediae, algōris, vigiliae, suprā quam cuiquam crēdibile est. Animus audāx, subdolus, varius, cuius reī libet simulātor aut dissimulātor; aliēnī appetēns, suī profūsus; ārdēns in cupiditātibus; satis ēloquentiae, sapientiae parum. Vāstus animus immoderāta, incrēdibilia, nimis alta semper cupiēbat.

Hunc post dominātiōnem L. Sullae libīdō māxima invāserat reī pūblicae capiundae, neque id quibus modīs adsequerētur, dum sibi rēgnum parāret, quicquam pēnsī habēbat. Agitābātur magis magisque in diēs animus ferōx inopiā reī familiāris et cōnscientiā scelerum, quae utraque iīs artibus auxerat quās suprā memorāvī. Incitābant praetereā corruptī cīvitātis mōrēs, quōs pessima ac dīversa inter sē mala, luxuria atque avāritia, vexābant. ...

[Hīc disseritur dē mōribus cīvitātis: 'ut paulātim immūtāta ex pulcherrimā atque optimā pessima ac flāgitiōsissima facta sit.']

14 In tantā tamque corruptā cīvitāte Catilīna – id quod factū facillimum erat – omnium flāgitiōrum atque facinorum circum sē tamquam stīpātōrum catervās habēbat. Nam quīcumque impudīcus, adulter, gāneō, manū, ventre, pene bona patria lacerāverat, quīque aliēnum aes grande cōnflāverat, quō flāgitium aut facinus

L. *Sergius* Catilīna
genus = gēns (: gēns *Sergia*)

intestīnus -a -um = internus

ibi : in iīs rēbus
in-edia -ae *f* = famēs
algor -ōris *m* = frīgus
crēdibilis -e ↔ incrēdibilis
subdolus -a -um = dolō ūtēns
cuius-libet reī
(dis)simulātor -ōris *m* = quī
  (dis)simulat
profūsus = largus; suī p. = quī
  suum pro-fundit (: largītur)
satis ēloquentiae *eī erat*
im-moderātus -a -um
  ↔ moderātus

ad-sequī = as-sequī
dum + *coni* = dummodo
nihil (nec quicquam) pēnsī
  habēre = nihil cūrāre
familiāris -e < familia; rēs f.
  = pecūnia, bona
cōnscientia -ae *f* = mēns
  cōnscia (suī sceleris)
utraque (*n pl*): inopiam... et
  cōnscientiam...
incitābant *eum*

im-mūtāre = mūtāre

flāgitia/facinora: cīvēs flāgi-
  tiōsī/*facinorōsī* (= scelestī)
stīpātor -ōris *m* = satelles

gāneō -ōnis *m* = vir luxuī
  dēditus
penis -is *m* = membrum virīle
(bona) lacerāre : perdere
aes aliēnum = pecūnia mūtua
cōn-flāre = colligere

facinus redimere = sē redimere ā poenā facinoris
sacrilegus -ī *m* = quī templum dīripuit, impius
ad hoc = praetereā
per-iūrium -ī *n* = falsum
iūs iūrandum
egestās -ātis *f* (< egēre) = inopia rērum necessāriārum
cōnscius animus = cōnsci-
entia (sceleris)
etiam : etiam tum
ā culpā vacuus = īnsōns
in-cidere -cidisse < in-
+ cadere

familiāritās -ātis *f* (< familiāris) = amīcitia

praebēre, mercārī, parcere
: praeb*ēbat*, merc*ābātur*,
parc*ēbat*

obnoxius -a -um (+ *dat*) =
quī (multum) dēbet, ob-
sequēns, serviēns

cuius (*in quā*) nihil umquam
vir bonus laudāvit praeter
fōrmam (*pulchram*)
dubitāre + *īnf* = cūnctārī
prīvignus -ī *m* = coniugis fī-
lius priōre coniuge nātus
prō certō = certō *adv*

mātūrāre = mātūrē facere,
properāre
im-pūrus -a -um ↔ pūrus

ex-ciēre -cīvisse -citum
= excitāre, concitāre
vāstābat : perturbābat
ex-sanguis -e = pallidus
incessus -ūs *m* < incēdere
prōrsus *adv* = plānē
vēcordia -ae *f* = īnsānia
dīximus : dīxī

redimeret, praetereā omnēs undique parricīdae, sacrilegī,
convictī iūdiciīs aut prō factīs iūdicium timentēs, ad hoc
quōs manus atque lingua periūriō aut sanguine cīvīlī
alēbat, postrēmō omnēs quōs flāgitium, egestās, cōnscius animus exagitābat, eī Catilīnae proximī famili-
ārēsque erant. Quod sī quis etiam ā culpā vacuus in
amīcitiam eius inciderat, cotīdiānō ūsū atque illecebrīs
facile pār similisque cēterīs efficiēbātur. Sed māximē
adulēscentium familiāritātēs appetēbat: eōrum animī
mollēs etiam et flūxī dolīs haud difficulter capiēbantur.
Nam ut cuiusque studium ex aetāte flagrābat, aliīs scorta
praebēre, aliīs canēs atque equōs mercārī, postrēmō
neque sūmptuī neque modestiae suae parcere, dum illōs
obnoxiōs fīdōsque sibi faceret. ...

Iam prīmum adulēscēns Catilīna multa nefanda stupra 15
fēcerat, cum virgine nōbilī, cum sacerdōte Vestae, alia
huiusce modī contrā iūs fāsque. Postrēmō captus amōre
Aurēliae Orestillae (cuius praeter fōrmam nihil umquam
bonus laudāvit!), quod ea nūbere illī dubitābat timēns
prīvignum adultā aetāte, prō certō crēditur necātō fīliō
vacuam domum scelestīs nuptiīs fēcisse! Quae quidem
rēs mihi in prīmīs vidētur causa fuisse facinus mātū-
randī. Namque animus impūrus, dīs hominibusque īn-
fēstus, neque vigiliīs neque quiētibus sēdārī poterat: ita
cōnscientia mentem excitam vāstābat. Igitur color eī ex-
sanguis, foedī oculī, citus modo, modo tardus incessus:
prōrsus in faciē vultūque vēcordia inerat.

Sed iuventūtem quam, ut suprā dīximus, illēxerat, 16

8

multīs modīs mala facinora ēdocēbat. Ex illīs testēs sig-
nātōrēsque falsōs commodāre; fidem, fortūnās, perīcula
vīlia habēre, post, ubi eōrum fāmam atque pudōrem
attrīverat, māiōra alia imperābat. Sī causa peccandī in
praesēns minus suppetēbat, nihilō minus īnsontēs sīcutī
sontēs circumvenīre, iugulāre; scīlicet nē per ōtium
torpēscerent manūs aut animus, grātuītō potius malus
atque crūdēlis erat.

ē-docēre = docēre
signātor -ōris *m* = quī signat
(testāmentum)
commodāre = ūtendum prae-
bēre; (: commodā*bat*)
vīlia habēre *eōs* ēdocēbat
at-terere -trīvisse -trītum
= absūmere
in praesēns *tempus*
sup-petere = (satis) adesse
sōns sontis ↔ īnsōns
circumvenīre = falsō accūsāre
: circumveni*ēbat*, iugulā*bat*
torpēscere = iners fierī
grātuītō *adv* = sine mercēde,
sine causā

[Dē coniūrātiōne Catilīnae]

Eīs amīcīs sociīsque cōnfīsus Catilīna, simul quod aes
aliēnum per omnēs terrās ingēns erat, et quod plērīque
Sullānī mīlitēs, largius suō ūsī, rapīnārum et victōriae
veteris memorēs, cīvīle bellum exoptābant, opprimun-
dae reī pūblicae cōnsilium cēpit. In Italiā nūllus exercitus; Cn. Pompēius in extrēmīs terrīs bellum gerēbat;
ipsī cōnsulātum petentī magna spēs; senātus nihil sānē
intentus; tūtae tranquillaeque rēs omnēs – sed ea prōrsus
opportūna Catilīnae.

cōnfīsus = cōnfīdēns

Sullānus -a -um < Sulla
suō : suīs bonīs
ex-optāre = optāre

nūllus exercitus *erat*

bellum *Mithridāticum*

ipsī... magna spēs *erat*
nihil *adv* = minimē

17 Igitur circiter kalendās Iūniās, L. Caesare et C. Figulō
cōnsulibus, prīmō singulōs appellāre, hortārī aliōs, aliōs
temptāre: opēs suās, imparātam rem pūblicam, magna
praemia coniūrātiōnis docēre. Ubi satis explōrāta sunt
quae voluit, in ūnum omnēs convocat quibus māxima
necessitūdō et plūrimum audāciae inerat. Eō convēnēre
senātōriī ōrdinis P. Lentulus Sūra, P. Autrōnius, L. Cassius Longīnus, C. Cethēgus, P. et Ser. Sullae Ser. fīliī,
L. Varguntēius, Q. Annius, M. Porcius Laeca, L. Bēstia,

circiter *adv/prp + acc*
[annō 64 a. C.]

: appellā*bat*, hortā*bātur*,
temptā*bat*
im-parātus -a -um ↔ parātus

: doc*ēbat* (*eōs*)
in ūnum *locum*
in-esse + *dat:* quibus inerat :
(in) quibus erat
necessitūdō -inis *f* = neces-
sitās (: egestās)
senātōrius -a -um: ōrdō
senātōrius = senātōrēs
P. *Cornēlius* Lentulus Sūra:
cōs. annō 71 a. C.

9

Nōbilior -ōris, Capitō -ōnis
(cognōmina)
colōniae dīcuntur cīvitātēs
Italiae ā colōnīs Rōmānīs
conditae; cēterae dīcuntur
mūnicipia (-cipium -ī *n*)
cōnsilī *gen* = cōnsil*iī*
[cōn'sil*ī*]

plēraque iuventūs = plērīque iuvenēs

iī quibus...
cōpia = occāsiō; cōpia erat
: licēbat

fuēre quī crēderent = aliquī
crēdēbant
M. Crassus, Cn. Pompēius:
cōnsulēs annō 70 a.C.
ipsī : Crassō
ductāre = dūcere, dux esse
Crassum voluisse (crēdēbant)
illōs : coniūrātōs

dē quā *coniūrātiōne*

[annō 66 a. C.]
ambitus -ūs *m* = facinus
largītiōne magistrātum
petendī
(lēge) interrogāre (+ *gen*)
= reum facere, accūsāre
pecūniae repetundae : quae
in iūdiciō repetuntur ab eō
quī prōvinciam dīripuit;
facinus prōvinciam dīripi-
endī (Catilīna prōvinciam
Āfricam dīripuit annō 67)
(nōmen) profitērī = nōmen
dare

inopia : egestās

kal. Iān. novī cōnsulēs
magistrātum ineunt

Q. Curius; praetereā ex equestrī ōrdine M. Fulvius Nōbilior, L. Statilius, P. Gabīnius Capitō, C. Cornēlius; ad
hoc multī ex colōniīs et mūnicipiīs, domī nōbilēs. Erant
praetereā complūrēs paulō occultius cōnsilī huiusce participēs nōbilēs, quōs magis dominātiōnis spēs hortābātur
quam inopia aut alia necessitūdō. Cēterum iuventūs plēraque, sed māximē nōbilium, Catilīnae inceptīs favēbat:
quibus in ōtiō vel magnificē vel molliter vīvere cōpia
erat, incerta prō certīs, bellum quam pācem mālēbant.

Fuēre item eā tempestāte quī crēderent M. Licinium
Crassum nōn ignārum eius cōnsilī fuisse: quia Cn.
Pompēius, invīsus ipsī, magnum exercitum ductābat,
cuiusvīs opēs voluisse contrā illīus potentiam crēscere,
simul cōnfīsum, sī coniūrātiō valuisset, facile apud illōs
prīncipem sē fore.

– Sed anteā item coniūrāvēre paucī contrā rem pūbli- 18
cam, in quibus Catilīna fuit; dē quā quam vērissimē
poterō dīcam:

L. Tullō et M'. Lepidō cōnsulibus, P. Autrōnius et P.
Sulla, dēsignātī cōnsulēs, lēgibus ambitūs interrogātī
poenās dederant. Post paulō Catilīna, pecūniārum re-
petundārum reus, prohibitus erat cōnsulātum petere,
quod intrā lēgitimōs diēs profitērī nēquīverat. Erat eōdem tempore Cn. Pīsō, adulēscēns nōbilis, summae
audāciae, egēns, factiōsus, quem ad perturbandam rem
pūblicam inopia atque malī mōrēs stimulābant. Cum hōc
Catilīna et Autrōnius circiter nōnās Decembrēs cōnsiliō
commūnicātō parābant in Capitōliō kalendīs Iānuāriīs L.

Cottam et L. Torquātum cōnsulēs interficere, ipsī fascibus correptīs Pīsōnem cum exercitū ad obtinendās duās Hispāniās mittere. Eā rē cognitā, rūrsus in nōnās Februāriās cōnsilium caedis trānstulerant. Iam tum nōn cōnsulibus modo, sed plērīsque senātōribus perniciem māchinābantur. Quod nī Catilīna mātūrāsset prō Cūriā signum sociīs dare, eō diē post conditam urbem Rōmam pessimum facinus patrātum foret. Quia nōndum frequentēs armātī convēnerant, ea rēs cōnsilium dirēmit. ...

19   Dē superiōre coniūrātiōne satis dictum. –

20   Catilīna, ubi eōs quōs paulō ante memorāvī convēnisse videt, tametsī cum singulīs multa saepe ēgerat, tamen in rem fore crēdēns ūniversōs appellāre et cohortārī, in abditam partem aedium sēcēdit atque ibi, omnibus arbitrīs procul āmōtīs, ōrātiōnem huiusce modī habuit:

"Nī virtūs fidēsque vestra satis spectāta mihi forent, nēquīquam opportūna rēs cecidisset; spēs magna, dominātiō in manibus frūstrā fuissent, neque ego per ignāviam aut vāna ingenia incerta prō certīs captārem. Sed quia multīs et magnīs tempestātibus vōs cognōvī fortēs fīdōsque mihi, eō animus ausus est māximum atque pulcherrimum facinus incipere, simul quia vōbīs eadem quae mihi bona malaque esse intellēxī: nam idem velle atque idem nōlle, ea dēmum fīrma amīcitia est.

"Sed ego quae mente agitāvī omnēs iam anteā dīversī audīstis. Cēterum mihi in diēs magis animus accenditur, cum cōnsīderō quae condiciō vītae futūra sit, nisi nōsmet

[annō 65 a. C.]
fascēs : magistrātūs potestās
   (: cōnsulātus)
duae Hispāniae : Hispānia
   citerior et ulterior

perniciem : necem

quod nī = nisi autem

patrātum foret = patrātum
   (factum) esset
dir-imere -ēmisse -ēmptum
   = abrumpere, prohibēre
dictum *est*

paulō ante : cap. 17 (p. 9)

agere (cum) = colloquī

in rem esse = ūtile esse
co-hortārī = hortārī
sē-cēdere = discēdere ā
   cēterīs

spectātus -a -um = probātus
forent = essent
cecidisset : *nōbīs* contigisset

per ignāviam : per virōs
   ignāvōs (↔ strēnuōs)
captāre = capere cōnārī,
   appetere
tempestās = tempus, occāsiō
eō : ideō
animus (meus) ausus est
   : ausus sum

mente agitāre = cōgitāre
dīversī : suō quisque locō
   vel tempore

condiciō vītae : fortūna
nōs-met = nōs

11

in lībertātem vindicāre
= līberāre

tetrarchēs -ae *m* = rēgulus
vectīgālēs *sunt*
stipendium -ī *n* = tribūtum;
   stipendia pend*unt*
cēterī *nōs* omnēs
fuimus : factī sumus

formīdinī esse alicui = ab
   aliquō *formīdārī* (= valdē
   timērī), aliquem terrēre
repulsa -ae *f* < re-pellere
   (dē eō dīcitur quī frūstrā
   magistrātum petīvit)
quō ūsque = quo-ūsque,
   quamdiū
ē-morī = morī
in-honestus ↔ honestus
lūdibriō (*dat*) esse alicui =
   dēlūdī ab aliquō; aliēnae
   superbiae : aliīs superbīs

prō! = ō!
deu*m* = de*ōrum*

annīs...: ob annōs (aetātem)
   atque dīvitiās
inceptō (coeptō) opus est
   = incipere opus est
ex-pedīre = perag*e*re (: cētera per sē expedientur)

superāre = super-esse, nimium esse (dīvitiārum)
ex-struere mare = in marī
   (domōs) exstruere
co-aequāre = aequum (plā-
   num/patentem) facere
continuāre = continuum
   facere, coniungere
Lar (familiāris) -is *m*, deus
   quī focum tuētur, focus
toreuma -atis *n* = vās opere
   caelātō (ēminentī)ōrnātum
trahunt : quaerunt
vexant : perdunt

toreuma

anima : vīta

ipsī vindicāmus in lībertātem. Nam postquam rēs pūblica in paucōrum potentium iūs atque diciōnem con-
cessit, semper illīs rēgēs, tetrarchae vectīgālēs esse,
populī, nātiōnēs stipendia pendere – cēterī omnēs,
strēnuī, bonī, nōbilēs atque ignōbilēs, vulgus fuimus
sine grātiā, sine auctōritāte, eīs obnoxiī quibus, sī rēs
pūblica valēret, formīdinī essēmus. Itaque omnis grātia,
potentia, honōs, dīvitiae apud illōs sunt aut ubi illī
volunt – nōbīs relīquēre perīcula, repulsās, iūdicia, egestātem! Quae quō ūsque tandem patiēminī, ō fortissimī
virī? Nōnne ēmorī per virtūtem praestat quam vītam
miseram atque inhonestam, ubi aliēnae superbiae lūdibriō fueris, per dēdecus āmittere? Vērum enimvērō
– prō deum atque hominum fidem! – victōria in manū
nōbīs est. Viget aetās, animus valet – contrā illīs annīs
atque dīvitiīs omnia cōnsenuērunt. Tantummodo inceptō
opus est: cētera rēs expediet.

"Etenim quis mortālium, cui virīle ingenium est, tolerāre potest illīs dīvitiās superāre, quās profundant in ex-
struendō marī et montibus coaequandīs – nōbīs rem familiārem etiam ad necessāria deesse? illōs bīnās aut amplius domōs continuāre – nōbīs Larem familiārem nus-
quam ūllum esse? Cum tabulās, signa, toreumata emunt,
nova dīruunt, alia aedificant, postrēmō omnibus modīs
pecūniam trahunt, vexant, tamen summā libīdine dīvitiās suās vincere nequeunt! At nōbīs est domī inopia,
forīs aes aliēnum, mala rēs, spēs multō asperior. Dēnique, quid reliquī habēmus praeter miseram animam?

12

"Quīn igitur expergīsciminī? Ēn illa, illa quam saepe optāstis lībertās! Praetereā dīvitiae, decus, glōria in oculīs sita sunt: fortūna omnia ea victōribus praemia posuit. Rēs, tempus, perīcula, egestās, bellī spolia magnifica magis quam ōrātiō mea vōs hortantur. Vel imperātōre vel mīlite mē ūtiminī! neque animus neque corpus ā vōbīs aberit.

animus meus

"Haec ipsa, ut spērō, vōbīscum ūnā cōnsul agam – nisi forte mē animus fallit et vōs servīre magis quam imperāre parātī estis."

ūnā vōbīscum
nisi mē animus fallit = nisi fallor
parātus servīre = parātus ad serviendum
accipere : audīre
mala abundē erant : nimium erat malōrum

21 Postquam accēpēre ea hominēs, quibus mala abundē omnia erant, sed neque rēs neque spēs bona ūlla, tametsī illīs quiēta movēre magna mercēs vidēbātur, tamen postulāvēre plērīque, ut prōpōneret, quae condiciō bellī foret, quae praemia armīs peterent, quid ubīque opis aut speī habērent. Tum Catilīna pollicērī tabulās novās, prōscrīptiōnem locuplētium, magistrātūs, sacerdōtia, rapīnās, alia omnia quae bellum atque libīdō victōrum fert. 'Praetereā esse in Hispāniā citeriōre Pīsōnem, in Maurētāniā cum exercitū P. Sittium Nūcerīnum, cōnsilī suī participēs; petere cōnsulātum C. Antōnium, quem sibi collēgam fore spērāret, hominem et familiārem et omnibus necessitūdinibus circumventum: cum eō sē cōnsulem initium agundī factūrum.' Ad hoc maledictīs increpābat omnēs bonōs; suōrum ūnumquemque nōmināns laudāre; admonēbat alium egestātis, complūrēs perīculī aut ignōminiae, multōs victōriae Sullānae, quibus ea praedae fuerat. Postquam

movēre : turbāre
mercēs : praemium

ubīque : omnīnō
pollicērī : pollicitus est
tabulās novās : dēlētum īrī aes aliēnum (ē tabulīs)
prōscrīptiō < prō-scrībere
sacerdōtium -ī n = sacerdōtis officium

Maurētānia –ae f, Āfricae regiō contrā Hispāniam
Nūcerīnus < Nūceria, oppidum Campāniae

familiāris -e = amīcus

male-dictum -ī n (< male-dīcere) = contumēlia
laudāre : laudābat
admonēre + gen (reī = dē rē)
ignōminia -ae f = dēdecus, mala fāma
praedae (dat) esse = praedam afferre

13

petītiōnem *cōnsulātūs*

cūrae (*dat*) habēre = cūrāre

populārēs = sociī

circum-ferre
exsecrātiō -ōnis *f* < exsecrārī
dē-gustāre = gustāre
sollemnis -e = quī rītū fit
eō quō (: ideō ut) magis fīdī
   (: fīdiōrēs) forent (essent)
aliī (*dat*) = cum aliō
   (...cōnsci*us*)
ficta *esse*

Cicerōnis invidia : populī
   invidia in Cicerōnem
atrōcitās -ātis *f* < atrōx

nōbīs : mihi
prō magnitūdine : ut reī
   magnitūdō est
compertus (< comperīre) =
   quī certō scītur, certus

obscūrus : ignōbilis
co-operīre = operīre
probrum -ī *n* = flāgitium

vānitās -ātis *f* (< vānus) =
   vāna (stulta) superbia
: reticē*bat*, occultā*bat*,
sua-met = sua
: neque quid dīceret neque
   quid faceret quicquam
   pēnsī habēbat (cūrābat)

cōnsuētūdō -inis *f* = mōs
   coeundī
inopiā = propter inopiam
   (egestātem)
ferrō : gladiō

solēre solitum esse *dēp perf*
   (solitus erat : solēbat)
nōm -ius, *gen* -ī = -iī: Curī
occultum habēre = occultāre

sublātō : nōn nōminātō

omnium animōs alacrēs videt, cohortātus ut petītiōnem suam cūrae habērent, conventum dīmīsit.

Fuēre eā tempestāte quī dīcerent 'Catilīnam, ōrātiōne 22 habitā, cum ad iūs iūrandum populārēs sceleris suī adigeret, hūmānī corporis sanguinem vīnō permixtum in paterīs circumtulisse! inde cum post exsecrātiōnem omnēs dēgustāvissent, sīcutī in sollemnibus sacrīs fierī cōnsuēvit, aperuisse cōnsilium suum, atque eō ita fēcisse, quō inter sē fīdī magis forent, alius aliī tantī facinoris cōnsciī.' Nōnnūllī ficta et haec et multa praetereā exīstimābant ab eīs quī Cicerōnis invidiam, quae posteā orta est, lēnīrī crēdēbant atrōcitāte sceleris eōrum quī poenās dederant. Nōbīs ea rēs prō magnitūdine parum comperta est.

Sed in eā coniūrātiōne fuit Q. Curius, nātus haud 23 obscūrō locō, flāgitiīs atque facinoribus coopertus, quem cēnsōrēs senātū probrī grātiā mōverant. Huic hominī nōn minor vānitās inerat quam audācia: neque reticēre quae audierat, neque suamet ipse scelera occultāre; prōrsus neque dīcere neque facere quicquam pēnsī habēbat. Erat eī cum Fulviā, muliere nōbilī, stuprī vetus cōnsuētūdō; cui cum minus grātus esset, quia inopiā minus largīrī poterat, repente glōriāns maria montēsque pollicērī coepit et minārī interdum ferrō 'nī sibi obnoxia foret'; postrēmō ferōcius agitāre quam solitus erat. At Fulvia, īnsolentiae Curī causā cognitā, tāle perīculum reī pūblicae haud occultum habuit, sed sublātō auctōre dē Catilīnae coniūrātiōne quae quōque

14

modō audierat complūribus nārrāvit. Ea rēs in prīmīs studia hominum accendit ad cōnsulātum mandandum M. Tulliō Cicerōnī – namque anteā plēraque nōbilitās invidiā aestuābat et quasi polluī cōnsulātum crēdēbant sī eum quamvīs ēgregius 'homō novus' adeptus foret. Sed ubi perīculum advēnit, invidia atque superbia post fuēre.

24 Igitur comitiīs habitīs cōnsulēs dēclārantur M. Tullius et C. Antōnius. Quod factum prīmō populārēs coniūrātiōnis concusserat; neque tamen Catilīnae furor minuēbātur, sed in diēs plūra agitāre, arma per Italiam locīs opportūnīs parāre, pecūniam suā aut amīcōrum fidē sūmptam mūtuam Faesulās ad Mānlium quendam portāre, quī posteā prīnceps fuit bellī faciundī.

Eā tempestāte plūrimōs cuiusque generis hominēs adscīvisse sibi dīcitur, mulierēs etiam aliquot, quae prīmō ingentēs sūmptūs stuprō corporis tolerāverant, post, ubi aetās tantummodo quaestuī neque luxuriae modum fēcerat, aes aliēnum grande cōnflāverant. Per eās sē Catilīna crēdēbat posse servitia urbāna sollicitāre, urbem incendere, virōs eārum vel adiungere sibi vel interficere.

25 – Sed in eīs erat Semprōnia, quae multa saepe virīlis audāciae facinora commīserat. Haec mulier genere atque fōrmā, praetereā virō atque līberīs satis fortūnāta fuit; litterīs Graecīs et Latīnīs docta, psallere et saltāre ēlegantius quam necesse est probae, multa alia, quae īnstrūmenta luxuriae sunt. Sed eī cāriōra semper omnia quam decus atque pudīcitia fuit. Pecūniae an fāmae minus parceret, haud facile discernerēs;

Marginal glosses:

audierat = aud*ī*verat

plēraque nōbilitās = plērīque nōbilēs
aestuāre = fervēre

post fuēre = cessērunt

M. Tullius *Cicerō*

con-cutere -iō -cussisse
-cussum = quassāre, per-
turbāre
: agitā*bat*

: parā*bat*

Faesulae -ārum *f pl,* oppidum Etrūriae
: portā*bat* (portandam cūrā-
vit)
ad-scīscere -īvisse -ītum
= a-scīscere (sociōs)

sūmptūs tolerāre = pecū-
niam cōnsūmere
modum facere = fīnem
facere

servitia -ōrum *n pl* = servī

(scelus/facinus) com-
mittere = facere

psallere = fidibus canere
: psall*ē*bat, saltā*bat*

fuit : fu*ē*runt
utrum pecūniae an fāmae
suae...

15

accēnsa *fuit*
(fidem) prōdere : fallere
crēditum -ī *n* = pecūnia
crēdita (mūtua data)
ab-iūrāre = iūre iūrandō
negāre (sē accēpisse)
praeceps abīre = sē prae-
cipitāre (in perniciem)
posse : poterat

procāx -ācis = impudēns
facētiae -ārum *f pl* = sermō
ēlegāns, sāl
lepōs -ōris *m* = grātia, facilitās; ... lepōs *eī* inerat

ex voluntāte (suā) = sīcut
volēbat

astūtia -ae *f* = prūdentia callida, cōnsilium callidum

pactiō -ōnis *f* < pacīscī (Cicerō Antōniō prōvinciam
Macedoniam prōmīserat)
per-pellere -pulisse -pulsum
= impellere
cliēns -entis *m* = vir pauper
cīvī nōbilī (*patrōnō* suō)
obnoxius

in Campō *Mārtiō*

cessēre = ēvēnērunt

Camers -ertis *m* < Camerī-
num, cīvitās Umbriae
ager Pīcēnus: Pīcēnum
alium aliō *alium aliō* (= in
alium locum)

: mōli*ēbātur,* tend*ēbat*

libīdine sīc accēnsa, ut saepius peteret virōs quam peterētur. Sed ea saepe antehāc fidem prōdiderat, crēditum abiūrāverat, caedis cōnscia fuerat, luxuriā atque inopiā praeceps abierat. Vērum ingenium eius haud absurdum: posse versūs facere, iocum movēre, sermōne ūtī vel modestō, vel mollī, vel procācī – prōrsus multae facētiae multusque lepōs inerat. –

Hīs rēbus comparātīs, Catilīna nihilō minus in proxi- 26 mum annum cōnsulātum petēbat, spērāns, sī dēsignātus foret, facile sē ex voluntāte Antōniō ūsūrum. Neque intereā quiētus erat, sed omnibus modīs īnsidiās parābat Cicerōnī. Neque illī tamen ad cavendum dolus aut astū- tiae deerant. Namque ā prīncipiō cōnsulātūs suī multa pollicendō per Fulviam effēcerat ut Q. Curius (dē quō paulō ante memorāvī) cōnsilia Catilīnae sibi prōderet. Ad hoc collēgam suum Antōnium pactiōne prōvinciae perpulerat nē contrā rem pūblicam sentīret; circum sē praesidia amīcōrum atque clientium occultē habēbat.

Postquam diēs comitiōrum vēnit, et Catilīnae neque petītiō neque īnsidiae quās cōnsulibus in Campō fēcerat prosperē cessēre, cōnstituit bellum facere et extrēma omnia experīrī, quoniam quae occultē temptāverat aspera foedaque ēvēnerant.

Igitur C. Mānlium Faesulās atque in eam partem Etrū- 27 riae, Septimium quendam Camertem in agrum Pīcēnum, C. Iūlium in Āpuliam dīmīsit; praetereā alium aliō, quem ubīque opportūnum sibi fore crēdēbat. Intereā Rōmae multa simul mōlīrī, cōnsulibus īnsidiās tendere, parāre incendia, opportūna loca armātīs hominibus obsidēre, ipse cum tēlō esse, item aliōs iubēre, hortārī utī semper intentī parātīque essent, diēs noctēsque festīnāre, vigilāre, neque īnsomniīs neque labōre fatīgārī.

Postrēmō, ubi multa agitantī nihil prōcēdit, rūrsus intempestā nocte coniūrātiōnis prīncipēs convocat per M. Porcium Laecam, ibique multa dē ignāviā eōrum questus docet 'sē Mānlium praemīsisse ad eam multitūdinem quam ad capiunda arma parāverat, item aliōs in alia loca opportūna, quī initium bellī facerent, sēque ad exercitum proficīscī cupere, sī prius Cicerōnem oppressisset: eum suīs cōnsiliīs multum officere.'

28   Igitur, perterritīs ac dubitantibus cēterīs, C. Cornēlius, eques Rōmānus, operam suam pollicitus, et cum eō L. Varguntēius senātor cōnstituēre eā nocte paulō post cum armātīs hominibus sīcutī 'salūtātum' introīre ad Cicerōnem ac dē imprōvīsō domī suae imparātum cōnfodere! Curius, ubi intellegit quantum perīculum cōnsulī impendeat, properē per Fulviam Cicerōnī dolum quī parābātur ēnūntiat. Ita illī iānuā prohibitī tantum facinus frūstrā suscēperant.

Intereā Mānlius in Etrūriā plēbem sollicitāre egestāte simul ac dolōre iniūriae novārum rērum cupidam, quod Sullae dominātiōne agrōs bonaque omnia āmīserat, praetereā latrōnēs cuiusque generis, quōrum in eā regiōne magna cōpia erat, nōnnūllōs ex Sullānīs colōniīs, quibus libīdō atque luxuria ex magnīs rapīnīs nihil reliquī fēcerat.

: parā*bat*, obsidē*bat, erat,*
    iubē*bat,* hortā*bātur*
item : cum tēlō esse

: festīn*ābat,* vigil*ābat,*
    fatīg*ābātur*
īn-somnia -ae *f* = vigiliae

ubi *eī* multa agitantī nihil
    bene prōcēdit
intempestus -a -um: intempesta nox = media nox
ibi : in M. Laecae domō

querī questum esse; questus
    : postquam questus est,
    querēns

"*ego* ad exercitum proficīscī
    cupi*ō,* sī prius (: cum prīmum) Cicerōnem oppressertō: is meīs cōnsiliīs
    multum offic*it*"
of-ficere (+ *dat*) = obstāre

sīcutī : quasi

cōn-fodere -iō -fōdisse
    -fossum = trānsfīgere
    (gladiō)

ē-nūntiāre = nōtum facere

: sollicitā*bat*
: ob egestātem/dolōrem
novae rēs = rēs pūblica renovāta, commūtātiō rērum
    pūblicārum

colōniae Sullānae: quās
    Sulla mīlitibus suīs
    cōnstituerat

Ea cum Cicerōnī nūntiārentur, ancipitī malō permō- 29
tus, quod neque urbem ab īnsidiīs prīvātō cōnsiliō
longius tuērī poterat, neque exercitus Mānlī quantus aut
quō cōnsiliō foret satis compertum habēbat, rem ad
senātum refert iam anteā vulgī rūmōribus exagitātum.
Itaque, quod plērumque in atrōcī negōtiō solet, senātus
dēcrēvit *'darent operam cōnsulēs nē quid rēs pūblica
dētrīmentī caperet.'* – Ea potestās per senātum mōre Rōmānō magistrātuī māxima permittitur: exercitum parāre,
bellum gerere, coercēre omnibus modīs sociōs atque
cīvēs, domī mīlitiaeque imperium atque iūdicium summum habēre. Aliter sine populī iussū nūllīus eārum
rērum cōnsulī iūs est. –

Post paucōs diēs L. Saenius senātor in senātū litterās 30
recitāvit, quās 'Faesulīs adlātās sibi' dīcēbat, in quibus
scrīptum erat 'C. Mānlium arma cēpisse cum magnā
multitūdine ante diem VI kalendās Novembrēs.' Simul,
id quod in tālī rē solet, aliī portenta atque prōdigia nūn-
tiābant, aliī 'conventūs fierī, arma portārī, Capuae atque
in Āpuliā servīle bellum movērī.'

Igitur senātī dēcrētō Q. Mārcius Rēx Faesulās, Q.
Metellus Crēticus in Āpuliam circumque ea loca missī
(hī utrīque ad urbem imperātōrēs erant, impedītī nē
triumphārent calumniā paucōrum quibus omnia honesta
atque inhonesta vēndere mōs erat), sed praetōrēs Q.
Pompēius Rūfus Capuam, Q. Metellus Celer in agrum
Pīcēnum, eīsque permissum 'utī prō tempore atque
perīculō exercitum comparārent.' Ad hoc, 'sī quis indi-

Mānl*ī gen* = Mānl*iī*

compertum habēre = certō scīre
exagitāre = sollicitāre, commovēre
fierī solet

dēcrēvit *ut...*

ad-ferre ad-tulisse ad-lātum = af-ferre at-tulisse al-lātum

fierī solet

senāt*ī* (*gen*) = senāt*ūs*
Q. Metellus Crēticus, v. LL cap. 53.264 | missī *sunt*
utrīque *pl* = ambō
imperātōrī nisi triumphantī Rōmam intrāre nōn licēbat
calumnia -ae *f* = falsum crīmen, obtrectātiō

permissum *est*
prō tempore : ut tempus postulāret

cāvisset dē coniūrātiōne quae contrā rem pūblicam facta erat, praemium servō lībertātem et sēstertia centum, līberō impūnitātem eius reī et sēstertia ducenta'; itemque dēcrēvēre 'utī gladiātōriae familiae Capuam et in cētera mūnicipia distribuerentur prō cuiusque opibus, Rōmae per tōtam urbem vigiliae habērentur eīsque minōrēs magistrātūs praeessent.'

31 Quibus rēbus permōta cīvitās atque immūtāta urbis faciēs est. Ex summā laetitiā atque lascīviā, quae diūturna quiēs pepererat, repente omnēs trīstitia invāsit: festīnāre, trepidāre, neque locō neque hominī cuiquam satis crēdere, neque bellum gerere neque pācem habēre, suō quisque metū perīcula mētīrī. Ad hoc mulierēs, quibus reī pūblicae magnitūdine bellī timor īnsolitus incesserat, adflīctāre sēsē, manūs supplicēs ad caelum tendere, miserārī parvōs līberōs, rogitāre, omnia pavēre, superbiā atque dēliciīs omissīs sibi patriaeque diffīdere!

At Catilīnae crūdēlis animus eadem illa movēbat, tametsī praesidia parābantur et ipse lēge Plautiā interrogātus erat ab L. Paulō.

Postrēmō, dissimulandī causā aut suī expūrgandī, sīcut iūrgiō lacessītus foret, in senātum vēnit! Tum M. Tullius cōnsul, sīve praesentiam eius timēns sīve īrā commōtus, ōrātiōnem habuit lūculentam atque ūtilem reī pūblicae, quam posteā scrīptam ēdidit.

[*Sequitur ōrātiō M. Tulliī Cicerōnis.*]

praemium *dēcrēvērunt*
sēstert*ia n pl* = *mīlia* sēstertium; C sēstert*ia* = C *mīlia* sēstertium
familia gladiātōria = grex gladiātōrum
prō opibus = secundum opēs, ut opēs erant
vigiliae = praesidia nocturna
minōrēs magistrātūs : aedīlēs, quaestōrēs, tribūnī plēbis

: festīnā*bant,* trepidā*bant* (hominī) cuiquam : ūllī

: crēd*ēbant,* ger*ēbant,* habē*bant,* mēti*ēbantur*
mētīrī : aestimāre

: bellī timor ob reī pūblicae magnitūdinem īnsolitus
in-cēdere +*dat/acc*
ad-/af-flīctāre = afflīgere; sē a. = pectus pulsāre
: adflīctā*bant,* tend*ēbant...*
reī dif-fīdere = dē rē dēspērāre

lēx Plautia dē vī, lāta annō 70 a.C. in cīvēs sēditiōsōs
L. *Aemilius* Paulus (cōs. annō 50 a.C.)
ex-pūrgāre = pūrgāre, suspiciōne līberāre
sīcut : velut sī, quasi
iūrgium -ī *n* = certāmen dē iūre
praesentia -ae *f* < praesēns
lūculentus -a -um = praeclārus
(librum) ē-dere -didisse -ditum = multīs legendum dare

M. TVLLII CICERONIS
IN L. CATILINAM ORATIO PRIMA

habita in senātū in templō Iovis Statōris
a. d. VI īd. Nov. annō DCXCI a. u. c.

ab-ūtī (+ *abl*) = īnsolenter
ūtī; -*ēre* = -*ēris* (*pers 2 fut*)
quem ad fīnem : quō ūsque,
quam diū
effrēnātus -a -um (↔ domi-
tus) = immoderātus, ferōx
nihil-ne tē......... mōvērunt?
Palātī *gen* = Palāt*iī*

locus: templum Iovis
Statōris
hōrum : senātōrum

cōn-stringere -strīnxisse
-strictum = colligāre,
coercēre

quid cōnsil*iī* : quod/quāle
cōnsilium

immō vērō etiam... : nōn
modo vīvit, sed etiam...

pestis -is *f* = nex, perniciēs

P. *Cornēlius* Scīpiō *Nāsīca*
Serāpiō: v. LL cap.51.239
[annō 133 a. C.]
mediocriter = modicē
prīvātus : nōn magistrātus,
sine imperiō

Quō ūsque tandem abūtēre, Catilīna, patientiā nostrā? 1
Quam diū etiam furor iste tuus nōs ēlūdet? Quem ad
fīnem sēsē effrēnāta iactābit audācia?

Nihilne tē nocturnum praesidium Palātī, nihil urbis
vigiliae, nihil timor populī, nihil concursus bonōrum
omnium, nihil hic mūnītissimus habendī senātūs locus,
nihil hōrum ōra vultūsque mōvērunt? Patēre tua cōnsilia
nōn sentīs? cōnstrictam iam hōrum omnium scientiā te-
nērī coniūrātiōnem tuam nōn vidēs? Quid proximā, quid
superiōre nocte ēgeris, ubi fuerīs, quōs convocāverīs,
quid consilī cēperīs, quem nostrum ignōrāre arbitrāris?

Ō tempora! ō mōrēs! Senātus haec intellegit, cōnsul 2
videt – hic tamen vīvit! Vīvit? Immō vērō etiam in senātum venit, fit pūblicī cōnsilī particeps, notat et dēsignat
oculīs ad caedem ūnumquemque nostrum! Nōs autem
– 'fortēs virī'! – satis facere reī pūblicae vidēmur sī
istīus furōrem ac tēla vītāmus!

Ad mortem tē, Catilīna, dūcī iussū cōnsulis iam prīdem oportēbat, in tē cōnferrī pestem quam tū in nōs
omnēs iam diū māchināris! An vērō vir amplissimus P. 3
Scīpiō, pontifex māximus, Ti. Gracchum, mediocriter
labefactantem statum reī pūblicae, prīvātus interfēcit
– Catilīnam, orbem terrae caede atque incendiīs vāstāre

cupientem, nōs cōnsulēs perferēmus? Nam illa nimis antīqua praetereō – quod C. Servīlius Ahala Sp. Maelium, novīs rēbus studentem, manū suā occīdit! – Fuit, fuit ista quondam in hāc rē pūblicā virtūs, ut virī fortēs ācriōribus suppliciīs cīvem perniciōsum quam acerbissimum hostem coercērent. Habēmus senātūs cōnsultum in tē, Catilīna, vehemēns et grave; nōn deest reī pūblicae cōnsilium neque auctōritās huius ōrdinis: nōs, nōs, dīcō apertē, cōnsulēs dēsumus!

4   Dēcrēvit quondam senātus *'utī L. Opīmius cōnsul vidēret, nē quid rēs pūblica dētrīmentī caperet'* – nox nūlla intercessit: interfectus est propter quāsdam sēditiōnum suspīciōnēs C. Gracchus, clārissimō patre, avō, māiōribus, occīsus est cum līberīs M. Fulvius cōnsulāris. Similī senātūs cōnsultō C. Mariō et L. Valeriō cōnsulibus est permissa rēs pūblica: num ūnum diem posteā L. Sāturnīnum tribūnum plēbis et C. Servīlium praetōrem mors ac reī pūblicae poena remorāta est? At vērō nōs vīcēsimum iam diem patimur hebēscere aciem hōrum auctōritātis! Habēmus enim huius modī senātūs cōnsultum, vērum inclūsum in tabulīs tamquam in vāgīnā reconditum, quō ex senātūs cōnsultō cōnfestim tē interfectum esse, Catilīna, convēnit! Vīvis – et vīvis nōn ad dēpōnendam, sed ad cōnfirmandam audāciam!

Cupiō, patrēs cōnscrīptī, mē esse clēmentem, cupiō in tantīs reī pūblicae perīculīs mē nōn dissolūtum vidērī; sed

5   iam mē ipse inertiae nēquitiaeque condemnō. Castra sunt in Italiā contrā populum Rōmānum in Etrūriae faucibus

Sp. Maelius rēgnum affectāns ā C. Servīliō Ahalā magistrō equitum occīsus est [annō 439 a. C.]

perniciōsus -a -um < perniciēs
senātūs cōnsultum: v. p. 18

hic ōrdō : senātus

[annō 121 a.C.]

C. Gracchus, M. Fulvius *Flaccus:* v. LL cap. 51. 275-279

[annō 100 a.C.]

Sāturnīnus tribūnus plēbis sēditiōsus et C. Servīlius *Glaucia* praetor ex senātūs cōnsultō occīsī sunt
aliquem re-morārī = alicui moram afferre
hebēscere = hebes fierī
aciēs -ēī *f* = quālitās acūtī gladiī, ingenium ācre

re-condere = repōnere, abdere
convēnit : oportuit

dissolūtus -a -um = neglegēns, parum sevērus
nēquitia -ae *f* < nēquam

21

collocāta, crēscit in diēs singulōs hostium ¡numerus; eōrum autem castrōrum imperātōrem ducemque hostium intrā moenia atque adeō in senātū vidēmus intestīnam aliquam cotīdiē perniciem reī pūblicae mōlientem! Sī tē iam, Catilīna, comprehendī, sī interfīcī iusserō, crēdō, erit verendum mihi nē nōn potius hoc omnēs bonī 'sērius' ā mē quam quisquam 'crūdēlius' factum esse dīcat.

Vērum ego hoc quod iam prīdem factum esse oportuit certā dē causā nōndum addūcor ut faciam. Tum dēnique interficiēre, cum iam nēmō tam improbus, tam perditus, tam tuī similis invenīrī poterit quī id nōn 'iūre factum esse' fateātur. Quam diū quisquam erit quī tē dēfendere 6 audeat, vīvēs – et vīvēs ita ut vīvis: multīs meīs et fīrmīs praesidiīs oppressus, nē commovēre tē contrā rem pū-blicam possīs; multōrum tē etiam oculī et aurēs nōn sentientem, sīcut adhūc fēcērunt, speculābuntur atque cūstōdient.

Etenim quid est, Catilīna, quod iam amplius ex-spectēs, sī neque nox tenebrīs obscūrāre coetūs nefāriōs neque prīvāta domus parietibus continēre vōcēs coniūrā-tiōnis tuae potest? sī illūstrantur, sī ērumpunt omnia? Mūtā iam istam mentem, mihi crēde! Oblīvīscere caedis atque incendiōrum! Tenēris undique, lūce sunt clāriōra nōbīs tua cōnsilia omnia – quae iam mēcum licet re-cognōscās:

Meministīne mē ante diem XII kalendās Novembrēs 7 dīcere in senātū 'fore in armīs certō diē, quī diēs futūrus esset ante diem VI kalendās Novembrēs, C. Mānlium,

atque adeō = atque etiam

mōlīrī = māchinārī

'sērius ā mē *factum esse*' dīcant

ego... nōndum addūcor ut faciam hoc quod...

-ēre = -ēris (*pass pers 2 fut*) perditus -a -um = corrup-tus, nēquam

quam diū = tam diū quam

speculārī = clam spectāre

obscūrāre : occultāre coetus -ūs *m* = conventus nefārius -a -um (< nefās) = scelestus, impius

licet recognōscās = licet tibi recognōscere (: re-minīscī)

audāciae satellitem atque administrum tuae'? Num mē
fefellit, Catilīna, nōn modo rēs tanta, tam atrōx tamque
incrēdibilis, vērum – id quod multō magis est admīran-
dum – diēs? Dīxī ego īdem in senātū 'caedem tē opti-
mātium contulisse in ante diem V kalendās Novembrēs',
tum cum multī prīncipēs cīvitātis Rōmā – nōn tam suī
cōnservandī quam tuōrum cōnsiliōrum reprimendōrum
causā – profūgērunt. Num īnfitiārī potes tē illō ipsō diē
meīs praesidiīs, meā dīligentiā circumclūsum commovēre tē contrā rem pūblicam nōn potuisse, cum tū, discessū cēterōrum, 'nostrā tamen quī remānsissēmus caede
8 contentum tē esse' dīcēbās? Quid? cum tē Praeneste
kalendīs ipsīs Novembribus occupātūrum nocturnō im-
petū esse cōnfīderēs, sēnsistīne illam colōniam meō
iussū, meīs praesidiīs, cūstōdiīs, vigiliīs esse mūnītam?
Nihil agis, nihil mōlīris, nihil cōgitās, quod nōn ego nōn
modo audiam, sed etiam videam plānēque sentiam.

Recognōsce mēcum tandem noctem illam superiō-
rem: iam intellegēs multō mē vigilāre ācrius ad salūtem
quam tē ad perniciem reī pūblicae. Dīcō 'tē priōre nocte
vēnisse inter falcāriōs' – nōn agam obscūrē – 'in M.
Laecae domum, convēnisse eōdem complūrēs eiusdem
āmentiae scelerisque sociōs.' Num negāre audēs? quid
tacēs? Convincam, sī negās; videō enim esse hīc in se-
9 nātū quōsdam quī tēcum ūnā fuērunt! – Ō dī immortālēs!
ubinam gentium sumus? quam rem pūblicam habēmus?
in quā urbe vīvimus? Hīc, hīc sunt in nostrō numerō,
patrēs cōnscrīptī, in hōc orbis terrae sānctissimō gravis-

fallere fefellisse falsum
rēs mē fallit = rē fallor

contulisse : cōnstituisse

circum-clūdere -sisse -sum
= circumventum inclūdere
discessū cēterōrum : cum
cēterī discessissent

multō ācrius

falcārius -ī *m* = faber quī
falcēs efficit; inter falcāriōs : in vīcum falcāri-
ōrum

āmentia -ae *f* < āmēns

convincam *tē*

ūnā tēcum

ubi(nam) gentium? = ubi
terrārum (in terrīs)?

sānctissimum gravissimum-
que cōnsilium : senātus
exitium -ī *n* = interitus

eōs quōs...

duo equitēs: Sallustius
equitem et senātōrem
memorat (p. 17)

comperī: per Fulviam

id temporis = eō tempore

aliquandō = tandem ali-
quandō
Mānliānus -a -um < Mānlius

sī minus : sī nōn omnēs

modo +*coni* = dummodo

magna grātia dīs... habenda
est

taeter -tra -trum = turpis

simōque cōnsiliō, quī dē nostrō omnium interitū, quī dē huius urbis atque adeō dē orbis terrārum exitiō cōgitent! Hōs ego videō cōnsul et dē rē pūblicā sententiam rogō, et quōs ferrō trucīdārī oportēbat, eōs nōndum vōce vulnerō! – Fuistī igitur apud Laecam illā nocte, Catilīna; distribuistī partēs Italiae, statuistī quō quemque proficīscī placēret, dēlēgistī quōs Rōmae relinquerēs, quōs tēcum ēdūcerēs, discrīpsistī urbis partēs ad incendia, cōnfīrmāstī 'tē ipsum iam esse exitūrum', dīxistī 'paulum tibi esse etiam nunc morae, quod ego vīverem!' Repertī sunt duo equitēs Rōmānī, quī tē istā 'cūrā' līberārent et 'sē illā ipsā nocte paulō ante lūcem mē in meō lectō interfectūrōs esse' pollicērentur. Haec ego omnia, 10 vixdum etiam coetū vestrō dīmissō, comperī; domum meam māiōribus praesidiīs mūnīvī atque fīrmāvī, exclūsī eōs quōs tū ad mē 'salūtātum' māne mīserās, cum illī ipsī vēnissent quōs ego iam multīs ac summīs virīs 'ad mē id temporis ventūrōs esse' praedīxeram.

Quae cum ita sint, Catilīna, perge quō coepistī, ēgredere aliquandō ex urbe! Patent portae: proficīscere! Nimium diū tē imperātōrem tua illa Mānliāna castra dēsīderant. Ēdūc tēcum etiam omnēs tuōs – sī minus, quam plūrimōs! Pūrgā urbem! Magnō mē metū līberāveris, modo inter mē atque tē mūrus intersit. Nōbīscum versārī iam diūtius nōn potes; nōn feram, nōn patiar, nōn sinam! Magna dīs immortālibus habenda est atque 11 huic ipsī Iovī Statōrī, antīquissimō cūstōdī huius urbis, grātia, quod hanc tam taetram, tam horribilem tamque

īnfēstam reī pūblicae pestem totiēs iam effūgimus. Nōn
est saepius in ūnō homine summa salūs perīclitanda reī
pūblicae. Quam diū mihi cōnsulī dēsignātō, Catilīna,
īnsidiātus es, nōn pūblicō mē praesidiō, sed prīvātā
dīligentiā dēfendī. Cum proximīs comitiīs cōnsulāribus
mē cōnsulem in Campō et competītōrēs tuōs interficere
voluistī, compressī cōnātūs tuōs nefāriōs amīcōrum
praesidiō et cōpiīs, nūllō tumultū pūblicē concitātō;
dēnique, quotiēscumque mē petīstī, per mē tibi obstitī,
quamquam vidēbam perniciem meam cum magnā cala-
12 mitāte reī pūblicae esse coniūnctam. Nunc iam apertē
rem pūblicam ūniversam petis, templa deōrum immortālium, tēcta urbis, vītam omnium cīvium, Italiam
tōtam ad exitium et vāstitātem vocās! Quārē, quoniam
id quod est prīmum, et quod huius imperī disciplīnaeque
māiōrum proprium est, facere nōndum audeō, faciam id
quod est ad sevēritātem lēnius, ad commūnem salūtem
ūtilius. Nam sī tē interficī iusserō, residēbit in rē pūblicā
reliqua coniūrātōrum manus; sīn tū – quod tē iam
dūdum hortor – exieris, exhauriētur ex urbe tuōrum
13 comitum magna et perniciōsa sentīna reī pūblicae. Quid
est, Catilīna? num dubitās id mē imperante facere quod
iam tuā sponte faciēbās? 'Exīre ex urbe!' iubet cōnsul
hostem. Interrogās mē 'num in exsilium?' Nōn iubeō,
sed, sī mē cōnsulis, suādeō.

Quid est enim, Catilīna, quod tē iam in hāc urbe
dēlectāre possit? in quā nēmō est extrā istam coniūrātiōnem perditōrum hominum quī tē nōn metuat,

perīclitārī = perīculō ob-
icere

proximīs comitiīs: v. p. 16

com-petītor -ōris *m* = quī
eandem rem petit
cōnātus -ūs *m* < cōnārī

per mē : meā operā
ob-sistere -stitisse = resistere

vāstitās -ātis *f* < vāstus

proprium est (+*gen*) = per-
tinet ad, convenit (+*dat*)
sevēritās -ātis *f* < sevērus

re-sidēre (< -sedēre) = remanēre

sentīna -ae *f* = aqua sordida
quae in īmā nāve cōnfluit;
hominēs nēquissimī

faciēbās : facere volēbās

suādeō *ut in exsilium eās*

nota : lābēs (*nota* servīs improbīs *in-ūrēbātur*)
turpitūdō -inis *f* < turpis
in-ūrere -ussisse -ustum
(+ *dat*)

corruptēla -ae *f* = rēs quā
mōrēs corrumpuntur
ir-rētīre = rētī capere
ferrum : gladium
alicui prae-ferre = ante aliquem ferre

vacuē-facere = vacuum
facere
aliō scelere: nece fīliī
cumulāre = augendō per-
ficere
rem silēre = dē rē silēre
tantī facinoris immānitās =
tantum facinus immāne
ex-sistere -stitisse = orīrī,
(prīmum) fierī

proximīs īdibus: īd. Nov.
(nam pecūnia mūtua īdi-
bus repetēbātur)

summa rēs pūblica = cūncta
reī pūblicae fortūna

caelī : āeris
spīritus -ūs *m* < spīrāre

hōrum : senātōrum

[annō 66 a.C.]

cōnsulum : L. Cottae et L.
Torquātī (v. p. 10-11)

mentem aliquam : mentem
dubiam

: nam et nōta sunt et multa
posteā ā tē commissa

mē *cōnsulem* dēsignātum

petītiō -ōnis *f* = impetus
(gladiātōris)

nēmō quī nōn ōderit! Quae nota domesticae turpitūdinis
nōn inusta vītae tuae est? Quod prīvātārum rērum
dēdecus nōn haeret in fāmā? Quae libīdō ab oculīs, quod
facinus ā manibus umquam tuīs, quod flāgitium ā tōtō
corpore āfuit? Cui tū adulēscentulō, quem corruptē-
lārum illecebrīs irrētīssēs, nōn aut ad audāciam ferrum
aut ad libīdinem facem praetulistī? Quid vērō? nūper, 14
cum morte superiōris uxōris novīs nuptiīs domum
vacuēfēcissēs, nōnne etiam aliō incrēdibilī scelere hoc
scelus cumulāvistī? quod ego praetermittō et facile
patior silērī, nē in hāc cīvitāte tantī facinoris immānitās
aut exstitisse aut nōn vindicāta esse videātur.

Praetermittō ruīnās fortūnārum tuārum, quās omnēs
proximīs īdibus tibi impendēre sentiēs. Ad illa veniō,
quae nōn ad prīvātam ignōminiam vitiōrum tuōrum, nōn
ad domesticam tuam difficultātem ac turpitūdinem, sed
ad summam rem pūblicam atque ad omnium nostrum
vītam salūtemque pertinent: Potestne tibi haec lūx, 15
Catilīna, aut huius caelī spīritus esse iūcundus, cum
sciās esse hōrum nēminem quī nesciat tē prīdiē kalendās
Iānuāriās, Lepidō et Tullō cōnsulibus, stetisse in Comitiō
cum tēlō, manum cōnsulum et prīncipum cīvitātis inter-
ficiendōrum causā parāvisse, scelerī ac furōrī tuō nōn
mentem aliquam aut timōrem tuum, sed fortūnam populī
Rōmānī obstitisse? Ac iam illa omittō – neque enim
sunt aut obscūra aut nōn multa commissa posteā – :
quotiēs tū mē dēsignātum, quotiēs vērō cōnsulem interficere cōnātus es! quot ego tuās petītiōnēs ita coniectās

ut vītārī posse nōn vidērentur, parvā quādam dēclīnā-
tiōne et, ut āiunt, 'corpore' effūgī! Nihil agis, nihil
16 assequeris, neque tamen cōnārī ac velle dēsistis. Quotiēs
iam tibi extorta est ista sīca dē manibus, quotiēs excidit
cāsū aliquō et ēlāpsa est! Quae quidem quibus abs tē
initiāta sacrīs ac dēvōta sit, nesciō, quod eam necesse
putās esse in cōnsulis corpore dēfīgere!

Nunc vērō quae tua est ista vīta? Sīc enim iam tēcum
loquar, nōn ut odiō permōtus esse videar, quō dēbeō,
sed ut misericordiā, quae tibi nūlla dēbētur. Vēnistī
paulō ante in senātum. Quis tē ex hāc tantā frequentiā,
tot ex tuīs amīcīs ac necessāriīs salūtāvit? Sī hoc post
hominum memoriam contigit nēminī, vōcis exspectās
contumēliam, cum sīs gravissimō iūdiciō taciturnitātis
oppressus? Quid? quod adventū tuō ista subsellia vacuē-
facta sunt, quod omnēs cōnsulārēs, quī tibi persaepe ad
caedem cōnstitūtī fuērunt, simul atque assēdistī, partem
istam subselliōrum nūdam atque inānem relīquērunt,
17 quō tandem animō tibi ferendum putās? Servī mehercule meī sī mē istō pactō metuerent ut tē metuunt
omnēs cīvēs tuī, domum meam relinquendam putārem
– tū tibi urbem nōn arbitrāris? Et sī mē meīs cīvibus
iniūriā suspectum tam graviter atque offēnsum vidērem,
carēre mē aspectū cīvium quam īnfēstīs omnium oculīs
cōnspicī māllem – tū, cum cōnscientiā scelerum tuōrum
agnōscās odium omnium iūstum et iam diū tibi dēbitum,
dubitās, quōrum mentēs sēnsūsque vulnerās, eōrum
aspectum praesentiamque vītāre? Sī tē parentēs timērent

dēclīnātiō < dē-clīnāre
= inclīnandō āvertere
corpore : mōtū corporis

sīca -ae *f*
ex-torquēre -rsisse -rtum
= vī ēripere

initiāre = clam sacrāre
dē-vovēre = vovēre (dīs
īnferīs)

ut misericordiā *permōtus
esse videar*
frequentia -ae *f* = multitūdō

vōcis : loquentium

taciturnitās -ātis *f* = silentium; taciturnitātis : tacitōrum

tibi : ā tē

sī servī meī...

istō pactō = istō modō

mihi relinquendam *esse*

tibi urbem *relinquendam
esse* nōn arbitrāris?
offēnsus -a -um = invīsus

aspectus -ūs *m* <aspicere

dubitās*ne* vītāre aspectum
praesentiamque eōrum
quōrum...?

27

atque ōdissent tuī neque eōs ratiōne ūllā plācāre possēs,
ut opīnor, ab eōrum oculīs aliquō concēderēs – nunc tē
patria, quae commūnis est parēns omnium nostrum, ōdit
ac metuit et iam diū nihil tē iūdicat nisi dē parricīdiō
suō cōgitāre: huius tū neque auctōritātem verēbere nec
iūdicium sequēre nec vim pertimēscēs? Quae tēcum, 18
Catilīna, sīc agit et quōdam modō tacita loquitur:
"Nūllum iam aliquot annīs facinus exstitit nisi per tē,
nūllum flāgitium sine tē; tibi ūnī multōrum cīvium
necēs, tibi vexātiō dīreptiōque sociōrum impūnīta fuit ac
lībera; tū nōn sōlum ad neglegendās lēgēs et quaestiō-
nēs, vērum etiam ad ēvertendās perfringendāsque valu-
istī. Superiōra illa, quamquam ferenda nōn fuērunt,
tamen, ut potuī, tulī; nunc vērō mē tōtam esse in metū
propter ūnum tē, quicquid increpuerit Catilīnam timērī,
nūllum vidērī contrā mē cōnsilium inīrī posse quod ā
tuō scelere abhorreat, nōn est ferendum. Quam ob rem
discēde atque hunc mihi timōrem ēripe! Sī est vērus, nē
opprimar, sīn falsus, ut tandem aliquandō timēre dēsi-
nam." Haec sī tēcum, ut dīxī, patria loquātur, nōnne im- 19
petrāre dēbeat, etiam sī vim adhibēre nōn possit?

Quid? quod tū tē in cūstōdiam dedistī, quod vītandae
suspīciōnis causā 'ad M'. Lepidum tē habitāre velle'
dīxistī? Ā quō nōn receptus etiam ad mē venīre ausus
es, atque 'ut domī meae tē adservārem' rogāstī. Cum ā
mē quoque id respōnsum tulissēs 'mē nūllō modō posse
iīsdem parietibus tūtō esse tēcum, quia magnō in
perīculō essem quod iīsdem moenibus continērēmur!'

ad Q. Metellum praetōrem vēnistī. Ā quō repudiātus ad sodālem tuum, 'virum optimum', M. Metellum dē- migrāstī, quem tū vidēlicet et ad cūstōdiendum tē dīligentissimum et ad suspicandum sagācissimum et ad vindicandum fortissimum fore putāstī! Sed quam longē vidētur ā carcere atque ā vinculīs abesse dēbēre quī sē ipse iam dignum cūstōdiā iūdicārit?

re-pudiāre = repellere
sodālis -is *m* = amīcus, socius
M. Metellus, vir ignōbilis
dē-migrāre = migrāre habi-
   tātum
suspicārī = suspectum
   habēre
sagāx -ācis *adi* = callidus,
   ācer (animō)

-ārit = -*āv*erit

20   Quae cum ita sint, Catilīna, dubitās, sī ēmorī aequō animō nōn potes, abīre in aliquās terrās et vītam istam, multīs suppliciīs iūstīs dēbitīsque ēreptam, fugae sōli- tūdinīque mandāre?

"Refer" inquis "ad senātum!" Id enim postulās, et 'sī hic ōrdō sibi placēre dēcrēverit tē īre in exsilium, ob- temperātūrum tē esse' dīcis. Nōn referam – id quod ab- horret ā meīs mōribus –, et tamen faciam ut intellegās quid hī dē tē sentiant: Ēgredere ex urbe, Catilīna! Līberā rem pūblicam metū! In exsilium, sī hanc vōcem exspectās, proficīscere!

hic ōrdō : ōrdō senātōrius,
   senātus

hī : senātōrēs

hanc vōcem = hoc verbum

Quid est? Ecquid attendis, ecquid animadvertis hōrum silentium? Patiuntur, tacent. Quid exspectās auctōri- tātem loquentium, quōrum voluntātem tacitōrum per-

at-tendere = attentē audīre
   /notāre

21 spicis? At sī hoc idem huic adulēscentī optimō P. Sestiō, sī fortissimō virō M. Mārcellō dīxissem, iam mihi cōnsulī hōc ipsō in templō senātus iūre optimō vim et manūs intulisset. Dē tē autem, Catilīna, cum quiēscunt, probant, cum patiuntur, dēcernunt, cum tacent, clāmant! neque hī sōlum, quōrum tibi auctōritās est vidēlicet cāra, vīta vīlissima, sed etiam illī equitēs Rōmānī,

hoc idem : haec eadem
   verba ("in exsilium
   proficīscere!")
P. Sestius, M. Mārcellus:
   senātōrēs, Cicerōnis
   amīcī
alicui (vim et) manūs īn-
   ferre = aliquem (vī) comprehendere

circum-stāre

honestissimī atque optimī virī, cēterīque fortissimī cīvēs quī circumstant senātum, quōrum tū et frequentiam vidēre et studia perspicere et vōcēs paulō ante exaudīre potuistī. Quōrum ego vix abs tē iam diū manūs ac tēla

contineō : retineō
tē haec (: haec loca, hanc urbem) ... relinquentem

contineō, eōsdem facile addūcam ut tē haec quae vāstāre iam prīdem studēs relinquentem ūsque ad portās prōsequantur.

quamquam = sed, vērum
quid : quārē

meditēre = meditēris

Quamquam quid loquor? tē ut ūlla rēs frangat, tū ut 22 umquam tē corrigās, tū ut ūllam fugam meditēre, tū ut ūllum exsilium cōgitēs? Utinam tibi istam mentem dī

duint (coni < dare) = dent

(in) animum in-dūcere + īnf = cōnsilium capere
sī minus (= sī nōn) in praesēns tempus..., at certē in posteritātem (= futūrum)
recentī memoriā : dum recēns est memoria
est tantī (pretiī) : nihil pensī habeō, nōn cūrō

immortālēs duint! – tametsī videō, sī meā vōce perterritus īre in exsilium animum indūxeris, quanta tempestās invidiae nōbīs, sī minus in praesēns tempus recentī memoriā scelerum tuōrum, at in posteritātem impendeat. Sed est tantī, dummodo tua ista sit prīvāta calamitās et ā reī pūblicae perīculīs sēiungātur. Sed tū ut

commoveāre = -āris
tempora : condiciō, fortūna
cēdere + dat = concēdere

vitiīs tuīs commoveāre, ut lēgum poenās pertimēscās, ut temporibus reī pūblicae cēdās, nōn est postulandum. Neque enim is es, Catilīna, ut tē aut pudor ā turpitūdine

ratiō = mēns sāna

aut metus ā perīculō aut ratiō ā furōre revocārit.

(invidiam) cōn-flāre = accendere, excitāre
rēctā viā

Quam ob rem, ut saepe iam dīxī, proficīscere ac, sī 23 mihi 'inimīcō' ut praedicās 'tuō' cōnflāre vīs invidiam, rēctā perge in exsilium! Vix feram sermōnēs hominum, sī id fēceris, vix mōlem istīus invidiae, sī in exsilium iussū cōnsulis ieris, sustinēbō. Sīn autem servīre meae

importūnus -a -um = inīquus, molestus

laudī et glōriae māvīs, ēgredere cum importūnā scelerātōrum manū, cōnfer tē ad Mānlium, concitā perditōs

exsultāre (+ abl) = valdē dēlectārī, ovāre

cīvēs, sēcerne tē ā bonīs, īnfer patriae bellum, exsultā

impiō latrōciniō, ut ā mē nōn ēiectus ad aliēnōs, sed
invītātus ad tuōs īsse videāris!

24 Quamquam quid ego tē invītem, ā quō iam sciam esse
praemissōs quī tibi ad Forum Aurēlium praestōlārentur
armātī? cui sciam pactam et cōnstitūtam cum Mānliō
diem? ā quō etiam aquilam illam argenteam, quam tibi
ac tuīs omnibus cōnfīdō perniciōsam ac fūnestam futū-
ram, cui domī tuae sacrārium scelerātum cōnstitūtum
fuit, sciam esse praemissam? Tū ut illā carēre diūtius
possīs, quam venerārī ad caedem proficīscēns solēbās, ā
cuius altāribus saepe istam impiam dexteram ad necem
cīvium trānstulistī?

25 Ībis tandem aliquandō quō tē iam prīdem tua ista
cupiditās effrēnāta ac furiōsa rapiēbat. Neque enim tibi
haec rēs adfert dolōrem, sed quandam incrēdibilem voluptātem. Ad hanc tē āmentiam nātūra peperit, voluntās
exercuit, fortūna servāvit. Numquam tū nōn modo ōtium
sed nē bellum quidem nisi nefārium concupīstī. Nactus
es ex perditīs atque ab omnī nōn modo fortūnā vērum

26 etiam spē dērelictīs cōnflātam improbōrum manum. Hīc
tū quā laetitiā perfruēre, quibus gaudiīs exsultābis,
quantā in voluptāte bacchābere, cum in tantō numerō
tuōrum neque audiēs virum bonum quemquam neque
vidēbis! Ad huius vītae studium meditātī illī sunt quī
feruntur 'labōrēs' tuī: iacēre humī nōn sōlum ad obsidendum stuprum, vērum etiam ad facinus obeundum,
vigilāre nōn sōlum īnsidiantem somnō marītōrum, vērum
etiam bonīs ōtiōsōrum. Habēs ubi ostentēs illam tuam

isse = iisse

Forum Aurēlium: cīvitās
Etrūriae in viā Aurēliā
praestōlārī +dat = opperīrī
pacīscere = ex compositō
statuere, convenīre dē; cui
(: ā quō) sciam diem pac-
tam et cōnstitūtam esse
Catilīna aquilam argenteam
quam Marius bellō Cim-
bricō sēcum tulisse dīcitur
in sacrāriō domesticō ve-
nerārī (= adōrāre) solēbat
ut... possīs = quōmodo...
possīs
venerārī = (deum) colere,
adōrāre

furiōsus -a -um = āmēns

ad-ferre = af-ferre

āmentia -ae f < āmēns

con-cupīscere -īvisse/-iisse;
-īstī = -iistī

dē-relinquere = dēserere; ab
spē dērelictus : dēspērāns
cōn-flāre = congregāre
per-fruī = plēnē fruī
-ēre/-bere fut = -ēris/-beris
bacchārī = furere ut Bacchae
(mulierēs furiōsae quae
Bacchum comitantur)
ad huius vītae studium : ad
hanc vītam cui studēs
meditātī pass = excōgitātī
feruntur = praedicantur

ad obsidendum stuprum : ad
obsidendam mulierem
stuprandam

ōtiōsus = pācis amāns
habēs locum ubi...

praeclāram patientiam famis, frīgoris, inopiae rērum omnium, quibus tē brevī tempore cōnfectum esse sentiēs.

re-pellere reppulisse re-
pulsum
temptāre = oppugnāre

Tantum prōfēcī, cum tē ā cōnsulātū reppulī, ut exsul 27 potius temptāre quam cōnsul vexāre rem pūblicam possēs, atque ut id quod esset abs tē scelerātē susceptum 'latrōcinium' potius quam 'bellum' nōminārētur.

dē-testārī = (dīs testibus) ā
sē āvertere, arcēre
dē-precārī = precibus
āvertere, prohibēre
per-cipere = attendere,
animadvertere

Nunc, ut ā mē, patrēs cōnscrīptī, quandam prope iūstam patriae querimōniam dētester ac dēprecer, percipite, quaesō, dīligenter quae dīcam, et ea penitus animīs vestrīs mentibusque mandāte! Etenim sī mēcum patria, quae mihi vītā meā multō est cārior, sī cūncta Italia, sī omnis rēs pūblica loquātur: "M. Tullī, quid agis? Tūne eum quem esse hostem comperistī, quem ducem bellī futūrum vidēs, quem exspectārī imperā-tōrem in castrīs hostium sentīs, auctōrem sceleris, prīn-

ēvocātor servōrum = quī
servōs ad bellum ēvocat
patiēre = -ēris (pers 2 fut)

cipem coniūrātiōnis, ēvocātōrem servōrum et cīvium perditōrum, exīre patiēre, ut abs tē nōn ēmissus ex urbe, sed immissus in urbem esse videātur? Nōnne hunc in

summum supplicium =
supplicium capitis
mactāre =occīdere (hostiam)
(hunc... dūcī/rapī/mactārī)
imperābis = iubēbis

vincula dūcī, nōn ad mortem rapī, nōn summō suppliciō mactārī imperābis? Quid tandem tē impedit? mōsne

multāre = pūnīre
(lēgem) rogāre = ferre
lēgēs *Porciae* vetant cīvem
Rōmānum morte multārī
quī ā rē pūblicā dēfēcērunt
: 'hostēs patriae'
posteritās -ātis *f* = posterī

māiōrum? At persaepe etiam prīvātī in hāc rē pūblicā 28 perniciōsōs cīvēs morte multārunt. An lēgēs quae dē cīvium Rōmānōrum suppliciō rogātae sunt? At num-quam in hāc urbe quī ā rē pūblicā dēfēcērunt cīvium iūra tenuērunt. An invidiam posteritātis timēs? Praeclāram

hominem per tē (nōn per
māiōrēs tuōs) cognitum
: 'hominem novum'

vērō populō Rōmānō refers grātiam, quī tē, hominem per tē cognitum, nūllā commendātiōne māiōrum, tam

mātūrē ad summum imperium per omnēs honōrum
gradūs extulit, sī propter invidiam aut alicuius perīculī
29 metum salūtem cīvium tuōrum neglegis! Sed sī quis
est invidiae metus, nōn est vehementius sevēritātis ac
fortitūdinis invidia quam inertiae ac nēquitiae per-
timēscenda! An, cum bellō vāstābitur Italia, vexābuntur
urbēs, tēcta ārdēbunt, tum tē nōn exīstimās invidiae
incendiō cōnflagrātūrum?"

Hīs ego sānctissimīs reī pūblicae vōcibus et eōrum
hominum quī hoc idem sentiunt mentibus pauca respon-
dēbō: Ego sī hoc optimum factū iūdicārem, patrēs cōnscrīptī, Catilīnam morte multārī, ūnīus ūsūram hōrae
gladiātōrī istī ad vīvendum nōn dedissem. Etenim sī
summī virī et clārissimī cīvēs Sāturnīnī et Gracchōrum
et Flaccī et superiōrum complūrium sanguine nōn modo
sē nōn contāminārunt, sed etiam honestārunt, certē
verendum mihi nōn erat nē quid, hōc parricīdā cīvium
interfectō, invidiae mihi in posteritātem redundāret.
Quod sī ea mihi māximē impendēret, tamen hōc animō
fuī semper, ut invidiam virtūte partam glōriam, nōn invidiam putārem.

30 Quamquam nōnnūllī sunt in hōc ōrdine quī aut ea
quae imminent nōn videant aut ea quae vident dis-
simulent; quī spem Catilīnae mollibus sententiīs aluērunt
coniūrātiōnemque nāscentem nōn crēdendō corrōborā-
vērunt; quōrum auctōritāte multī, nōn sōlum improbī,
vērum etiam imperītī, sī in hunc animadvertissem,
'crūdēliter et rēgiē factum esse' dīcerent. Nunc intellegō,

honōrum gradūs: v. LL
cap. 53.408-411
extulit = sustulit

vōcibus : verbīs

ūsūra -ae *f* = ūsus

gladiātor : latrō

M. Fulviī Flaccī
contāmināre = polluere,
  dēdecore afficere
honestāre = honōre afficere
nē quid invidiae

mihi (/in mē) redundāre
  = mē obruere, afflīgere

quamquam = et tamen

dis-simulent : simulent sē
  nōn vidēre

cor-rōborāre = fīrmāre

im-perītus ↔ perītus
amimadvertere in = pūnīre
rēgiē *adv* = mōre rēgis vel
  tyrannī

33

quō *īre* intendit

naufragus -ī *m* = quī nau-
fragium fēcit
ag-gregāre = congregāre

stirps : orīgō

stirps
-pis *f*

latrōcinium : grex latrōnum

re-levāre = levem facere,
līberāre (onere, dolōre,
metū), recreāre

aestus -ūs *m* = ārdor
febris -is (*acc* -im, *abl* -ī)
= nimius calor corporis
gelidus -a -um = frīgidis-
simus
afflīctāre = afflīgere

: *sī* relevātus *erit*

in-gravēscere = gravior fierī

praetor urbānus iūs dīcit ex
tribūnālī in Forō Rōmānō
malleolus -ī *m* = sagitta ārdēns

sī iste, quō intendit, in Mānliāna castra pervēnerit,
nēminem tam stultum fore quī nōn videat coniūrātiōnem
esse factam, nēminem tam improbum quī nōn fateātur.
Hōc autem ūnō interfectō, intellegō hanc reī pūblicae
pestem paulisper reprimī, nōn in perpetuum comprimī
posse. Quod sī sēsē ēiēcerit sēcumque suōs ēdūxerit et
eōdem cēterōs undique collēctōs naufragōs aggregārit,
exstinguētur atque dēlēbitur nōn modo haec tam adulta
reī pūblicae pestis, vērum etiam stirps ac sēmen malōrum omnium.

Etenim iam diū, patrēs cōnscrīptī, in hīs perīculīs 31
coniūrātiōnis īnsidiīsque versāmur, sed nesciō quō pactō
omnium scelerum ac veteris furōris et audāciae mātūri-
tās in nostrī cōnsulātūs tempus ērūpit. Quod sī ex tantō
latrōciniō iste tollētur, vidēbimur fortasse ad breve
quoddam tempus cūrā et metū esse relevātī, perīculum
autem residēbit et erit inclūsum penitus in vēnīs atque
in vīsceribus reī pūblicae. Ut saepe hominēs aegrī
morbō gravī, cum aestū febrīque iactantur, sī aquam
gelidam bibērunt, prīmō relevārī videntur, deinde multō
gravius vehementiusque afflīctantur, sīc hic morbus quī
est in rē pūblicā, relevātus istīus poenā, vehementius
reliquīs vīvīs ingravēscet.

Quārē sēcēdant improbī, sēcernant sē ā bonīs, ūnum 32
in locum congregentur, mūrō dēnique, quod saepe iam
dīxī, sēcernantur ā nōbīs, dēsinant īnsidiārī domī suae
cōnsulī, circumstāre tribūnal praetōris urbānī, obsidēre
cum gladiīs Cūriam, malleolōs et facēs ad īnflamman-

34

dam urbem comparāre! Sit dēnique īnscrīptum in fronte ūnīus cuiusque, quid dē rē pūblicā sentiat!

Polliceor hoc vōbīs, patrēs cōnscrīptī, tantam in nōbīs cōnsulibus fore dīligentiam, tantam in vōbīs auctōritātem, tantam in equitibus Rōmānīs virtūtem, tantam in omnibus bonīs cōnsēnsiōnem, ut Catilīnae profectiōne omnia patefacta, illūstrāta, oppressa, vindicāta esse videātis.

cōnsēnsiō -ōnis *f* (< cōnsentīre) = cōnsēnsus
profectiō -ōnis *f* < proficīscī

33 Hīsce ōminibus, Catilīna, cum summā reī pūblicae salūte, cum tuā peste ac perniciē cumque eōrum exitiō quī sē tēcum omnī scelere parricīdiōque iūnxērunt proficīscere ad impium bellum ac nefārium!

ōmina : verba quibus rēs futūrae portenduntur, vōta

Tū, Iuppiter, quī iīsdem quibus haec urbs auspiciīs ā Rōmulō es cōnstitūtus, quem 'Statōrem' huius urbis atque imperī vērē nōmināmus, hunc et huius sociōs ā tuīs cēterīsque templīs, ā tēctīs urbis ac moenibus, ā vītā fortūnīsque cīvium omnium arcēbis, et hominēs bonōrum inimīcōs, hostēs patriae, latrōnēs Italiae, scelerum foedere inter sē ac nefāriā societāte coniūnctōs, aeternīs suppliciīs vīvōs mortuōsque mactābis!

tū, Iuppiter : Cicerō signum Iovis Statōris appellat
ā Rōmulō: v. LL cap. 42.130
stator = quī statuit, quī sustinet, servātor

C. SALLVSTII CRISPI
DE CATILINAE CONIVRATIONE

[Dē coniūrātiōne patefactā]

ille : Cicerō
ad-sīdere = as-sīdere, cōn-
sīdere

temere = sine causā

sē ortum *esse* (dīxit)

(*ōrātiō rēcta:*) "nōlīte
exīstimāre mihi..."

inquilīnus -a -um = quī ali-
ēnam patriam incolit
ob-strepere -uisse = strepitū
interpellāre
: obstrep*uērunt*, vocā*vērunt*

furibundus -a -um = furi-
ōsus
ruīnā : dīruendō domum in-
cēnsam meam (: Rōmam)

ex cūriā : ex senātū
prō-ripere -iō -uisse -reptum
< -rapere; sē p. = ruere
(sēcum) volvere = reputāre
bene prōcēdēbant

ante-capere = praeparāre

mandat (: imperat) *ut (iīs)*
rēbus quibus possent...
factiōnis : coniūrātiōnis

Sed ubi ille adsēdit, Catilīna, ut erat parātus ad dis- 31
simulanda omnia, dēmissō vultū, vōce supplicī postulāre
ā patribus coepit 'nē quid dē sē temere crēderent: eā
familiā ortum, ita sē ab adulēscentiā vītam īnstituisse, ut
omnia bona in spē habēret; nē exīstimārent sibi patriciō
hominī, cuius ipsīus atque māiōrum plūrima beneficia in
plēbem Rōmānam essent, perditā rē pūblicā opus esse,
cum eam servāret M. Tullius, inquilīnus cīvis urbis
Rōmae!' Ad hoc maledicta alia cum adderet, obstrepere
omnēs, 'hostem!' atque 'parricīdam!' vocāre. Tum ille
furibundus: "Quoniam quidem circumventus" inquit "ab
inimīcīs praeceps agor, incendium meum ruīnā ex-
stinguam!"

Deinde sē ex cūriā domum prōripuit. Ibi multa ipse 32
sēcum volvēns, quod neque īnsidiae cōnsulī prōcēdēbant, et ab incendiō intellegēbat urbem vigiliīs mūnītam,
optimum factū crēdēns exercitum augēre, ac, prius quam
legiōnēs scrīberentur, multa antecapere quae bellō ūsuī
forent, nocte intempestā cum paucīs in Mānliāna castra
profectus est. Sed Cethēgō atque Lentulō cēterīsque
quōrum cognōverat prōmptam audāciam mandat 'quibus
rēbus possent opēs factiōnis cōnfirment, īnsidiās cōnsulī
mātūrent, caedem, incendia, aliaque bellī facinora

parent; sēsē propediem cum magnō exercitū ad urbem accessūrum'. ...

prope-diem = post paucōs
diēs, brevī

34   At Catilīna ex itinere plērīsque cōnsulāribus, praetereā optimō cuique litterās mittit *'sē falsīs crīminibus circumventum, quoniam factiōnī inimīcōrum resistere nequīverit, fortūnae cēdere: Massiliam in exsilium proficīscī, nōn quō sibi tantī sceleris cōnscius esset, sed utī rēs pūblica quiēta foret nēve ex suā contentiōne sēditiō*

Massilia -ae *f,* urbs Galliae maritima prope ōstium Rhodanī sita
sē proficīscī
nōn quō = nōn quod

contentiō -ōnis *f* = certāmen

36   *orerētur.'* ... Sed ipse paucōs diēs commorātus apud C. Flāminium in agrō Arrētīnō, dum vīcīnitātem anteā sollicitātam armīs exōrnat, cum fascibus atque aliīs imperī īnsignibus in castra ad Mānlium contendit.

ager Arrētīnus: circum Arrētium, oppidum Etrūriae
vīcīnitātem : vīcīnōs
rē (ex-)ōrnāre = rem ūtilem dare

Haec ubi Rōmae comperta sunt, senātus Catilīnam et Mānlium 'hostēs' iūdicat, cēterae multitūdinī diem statuit ante quam licēret sine fraude ab armīs discēdere praeter rērum capitālium condemnātīs. Praetereā dēcernit 'utī cōnsulēs dīlēctum habeant, Antōnius cum exercitū Catilīnam persequī mātūret, Cicerō urbī praesidiō sit.'

'hostēs *patriae*'

sine fraude : impūne

capitālis -e < caput; rēs capitālis = scelus capite pūniendum

– Eā tempestāte mihi imperium populī Rōmānī multō māximē miserābile vīsum est. Cui cum ad occāsum ab ortū sōlis omnia domita armīs pārērent, domī ōtium atque dīvitiae, quae prīma mortālēs putant, adfluerent, fuēre tamen cīvēs quī sēque remque pūblicam obstinātīs animīs perditum īrent! Namque, duōbus senātī dēcrētīs, ex tantā multitūdine neque praemiō inductus coniūrātiōnem patefēcerat neque ex castrīs Catilīnae quisquam omnium discesserat: tanta vīs morbī ac velutī

cum... pārērent = etsī... pārēbant
ad occāsum ab ortū sōlis = ab oriente ad occidentem
domita (armīs) : subācta
ad-/af-fluere = abundāre

-que... -que = et... et
perditum (*supīnum*) īre = perdere velle
duōbus senātī dēcrētīs : etsī duo senāt*ūs* dēcrēta facta erant
patefēcerat quisquam omnium (: quisquam omnīnō)
tanta vīs morbī = tantus et tam violentus morbus

37   tābēs plērōsque cīvium animōs invāserat. Neque sōlum

tābēs -is *f* = morbus quō tābēscit corpus

(mēns) aliēna : turbāta, furēns

adeō = etiam

iī quibus...

ōdēre = ōd*ērunt*

īsdem = iīsdem

mōribus aut fortūnā : ob mōrēs aut fortūnam

cuiusque modī genus hominum = hominēs cuiusque generis (quī... forent)

Allobrogēs -um *m pl*: gēns Galliae (Alpium), quae lēgātōs Rōmam mīserat re-quīrere = quaerendī causā adīre exīstimāns eōs... oppressōs

negōtiārī = negōtia gerere, negōtiātor esse

dē statū cīvitātis *eōrum* (*Allobrogum*)

magistrātuum *Rōmānōrum*

sē exspectāre

ōrāre : ōr*ant*

(*ōrātiō rēcta:*) "miserēre nostrī!"

illīs aliēna mēns erat quī cōnsciī coniūrātiōnis fuerant, sed omnīnō cūncta plēbēs novārum rērum studiō Catilīnae incepta probābat. Id adeō suō mōre vidēbātur facere: nam semper in cīvitāte quibus opēs nūllae sunt bonīs invident, malōs extollunt, vetera ōdēre, nova exoptant, odiō suārum rērum mūtārī omnia student. ... −

Īsdem temporibus Rōmae Lentulus, sīcutī Catilīna 39 praecēperat, quōscumque mōribus aut fortūnā novīs rēbus idōneōs crēdēbat, aut per sē aut per aliōs sollicitābat; neque sōlum cīvēs, sed cuiusque modī genus hominum, quod modo bellō ūsuī foret.

Igitur P. Umbrēnō cuidam negōtium dat 'utī lēgātōs 40 Allobrogum requīrat eōsque, sī possit, impellat ad societātem bellī', exīstimāns pūblicē prīvātimque aere aliēnō oppressōs, praetereā quod nātūrā gēns Gallica bellicōsa esset, facile eōs ad tāle cōnsilium addūcī posse. Umbrēnus, quod in Galliā negōtiātus erat, plērīsque prīncipibus cīvitātum nōtus erat atque eōs nōverat − itaque sine morā, ubi prīmum lēgātōs in Forō cōnspexit, percontātus pauca dē statū cīvitātis et quasi dolēns eius cāsum, requīrere coepit 'quem exitum tantīs malīs spērārent?' Postquam illōs videt querī dē avāritiā magistrātuum, accūsāre senātum 'quod in eō auxilī nihil esset − miseriīs suīs remedium mortem exspectāre!' "At ego" inquit "vōbīs, sī modo virī esse vultis, ratiōnem ostendam, quā tanta ista mala effugiātis." Haec ubi dīxit, Allobrogēs in māximam spem adductī Umbrēnum ōrāre, 'utī suī miserērētur: nihil tam asperum neque tam difficile esse, quod nōn cupidissimē factūrī essent, dum ea rēs cīvitātem aere aliēnō līberāret.' Ille eōs in domum D. Brūtī perdūcit, quod forō propinqua erat neque aliēna cōnsilī propter Semprōniam; nam tum Brūtus ab Rōmā aberat. Praetereā Gabīnium arcessit, quō māior auctōritās sermōnī inesset; eō praesente coniūrātiōnem aperit, nōminat sociōs, praetereā multōs cuiusque generis innoxiōs, quō lēgātīs animus amplior esset. Deinde eōs pollicitōs operam suam domum dīmittit.

41   Sed Allobrogēs diū in incertō habuēre, quidnam cōnsilī caperent. In alterā parte erat aes aliēnum, studium bellī, magna mercēs in spē victōriae; at in alterā māiōrēs opēs, tūta cōnsilia, prō incertā spē certa praemia. Haec illīs volventibus, tandem vīcit fortūna reī pūblicae. Itaque Q. Fabiō Sangae, cuius patrōciniō cīvitās plūrimum ūtēbātur, rem omnem utī cognōverant aperiunt. Cicerō, per Sangam cōnsiliō cognitō, lēgātīs praecipit 'ut studium coniūrātiōnis vehementer simulent, cēterōs adeant, bene polliceantur, dentque operam utī eōs quam māximē manifēstōs habeant.'

42   Īsdem ferē temporibus in Galliā citeriōre atque ulteriōre, item in agrō Pīcēnō, Bruttiō, Āpuliā mōtus erat. Namque illī quōs ante Catilīna dīmīserat incōnsultē ac velutī per dēmentiam cūncta simul agēbant: nocturnīs cōnsiliīs, armōrum atque tēlōrum portātiōnibus, festīnandō, agitandō omnia, plūs timōris quam perīculī effēcerant. Ex eō numerō complūrēs Q. Metellus Celer praetor ex senātūs cōnsultō, causā cognitā, in vincula

---

dum + *coni* = dummodo
D. *Iūnius* Brūtus, cōs. annō 77 a.C., marītus Semprōniae (v. p. 15)
per-dūcere
aliēna cōnsil*ī* = aliēna ā cōnsiliō

quō -ior... + *coni* = ut eō -ior...

in-noxius = innocēns, īnsōns

in incertō habēre = incertus esse, dubitāre

: quō patrōnō cīvitās (*Allobrogum*) ... ūtēbātur
aperīre = nōtum facere

cēterōs *coniūrātōs*

manifēstus -a -um = plānē noxius

Bruttium -ī *n.:* regiō Bruttiōrum
in-cōnsultē = temere, incautē
dēmentia -ae *f* < dēmēns

portātiō -ōnis *f* < portāre

causā cognitā : quaestiōne habitā

C. *Licinius* Mūrēna, lēgātus frātrī L. Liciniō Mūrēnae (quī Rōmae cōnsulātum petēbat)

ager Faesulānus: circum Faesulās oppidum

invidiam (ob bellum gravissimum)

ea : negōtia

alius autem alium *interficeret, alius alium*

inter haec parāta atque dēcrēta : dum haec parantur atque dēcernuntur

(diem) prō-lātāre = (rem in diem posterum) prōferre : fac*ere* nōn cōnsul*ere...* opus esse
languēre = sēgnis esse; languentibus aliīs : etsī aliī languērent

cēterōs conveniunt = cum cēterīs conveniunt

coniēcerat, item in ulteriōre Galliā C. Mūrēna, quī eī prōvinciae lēgātus praeerat.

At Rōmae Lentulus cum cēterīs quī prīncipēs con- 43 iūrātiōnis erant – parātīs, ut vidēbātur, magnīs cōpiīs – cōnstituerat utī, cum Catilīna in agrum Faesulānum cum exercitū vēnisset, L. Bēstia tribūnus plēbis cōntiōne habitā quererētur dē āctiōnibus Cicerōnis bellīque gravissimī invidiam optimō cōnsulī impōneret: eō signō proximā nocte cētera multitūdō coniūrātiōnis suum quisque negōtium exsequerētur. Sed ea dīvīsa hōc modō dīcēbantur: Statilius et Gabīnius utī cum magnā manū duodecim simul opportūna loca urbis incenderent, quō tumultū facilior aditus ad cōnsulem cēterōsque quibus īnsidiae parābantur fieret; Cethēgus Cicerōnis iānuam obsidēret eumque vī aggrederētur – alius autem alium, sed fīliī familiārum, quōrum ex nōbilitāte māxima pars erat, parentēs interficerent; simul, caede et incendiō perculsīs omnibus, ad Catilīnam ērumperent.

Inter haec parāta atque dēcrēta Cethēgus semper querēbātur dē ignāviā sociōrum: 'illōs dubitandō et diēs prōlātandō magnās opportūnitātēs corrumpere; factō, nōn cōnsultō in tālī perīculō opus esse, sēque, sī paucī adiuvārent, languentibus aliīs, impetum in Cūriam factūrum!' Nātūrā ferōx, vehemēns, manū prōmptus erat, māximum bonum in celeritāte putābat.

Sed Allobrogēs ex praeceptō Cicerōnis per Gabīnium 44 cēterōs conveniunt. Ab Lentulō, Cethēgō, Statiliō, item Cassiō postulant iūs iūrandum, quod signātum ad cīvēs perferant: 'aliter haud facile eōs ad tantum negōtium impellī posse.' Cēterī nihil suspicantēs dant, Cassius 'sēmet eō brevī ventūrum' pollicētur, ac paulō ante lēgātōs ex urbe proficīscitur. Lentulus cum eīs T. Volturcium quendam Crotōniēnsem mittit, ut Allobrogēs, prius quam domum pergerent, cum Catilīnā, datā atque acceptā fidē, societātem cōnfirmārent. Ipse Volturciō litterās ad Catilīnam dat, quārum exemplum īnfrā scrīptum est:

"Quis sim, ex eō quem ad tē mīsī cognōscēs. Fac cōgitēs in quantā calamitāte sīs, et memineris tē virum esse! Cōnsīderēs quid tuae ratiōnēs postulent. Auxilium petās ab omnibus, etiam ab īnfimīs." Ad hoc mandāta verbīs dat: 'cum ab senātū hostis iūdicātus sit, quō cōnsiliō servitia repudiet? In urbe parāta esse quae iusserit: nē cūnctētur ipse propius accēdere.'

45   Hīs rēbus ita āctīs, cōnstitūtā nocte quā proficīscerentur, Cicerō, per lēgātōs cūncta ēdoctus, L. Valeriō Flaccō et C. Pomptīnō praetōribus imperat ut in ponte Mulviō per īnsidiās Allobrogum comitātūs dēprehendant. Rem omnem aperit cuius grātiā mittēbantur; cētera utī factō opus sit ita agant, permittit.

    Illī, hominēs mīlitārēs, sine tumultū praesidiīs collocātīs, sīcutī praeceptum erat, occultē pontem obsīdunt. Postquam ad id locī lēgātī cum Volturciō vēnērunt et simul utrimque clāmor exortus est, Gallī, citō cognitō cōnsiliō, sine morā praetōribus sē trādunt. Volturcius prīmō cohortātus cēterōs gladiō sē ā multitūdine dēfendit; deinde, ubi ā lēgātīs dēsertus est, multa prius dē

cēterī : omnēs praeter Cassium

Crōtōniēnsis -is *m* < Crōtōn -ōnis *f,* cīvitās Bruttiōrum

fac cōgitēs = cūrā ut cōgitēs, cōgitā
memineris : mementō

cōnsīderēs, petās : cōnsīderā, pete
īnfimī : servī
(*ōrātiō rēcta:*) "cum...hostis iūdicātus *sīs,* quō cōnsiliō (: quārē) servitia repudi*ās?* In urbe parāta *sunt* quae iuss*istī:* nē cūnct*ēris* ipse propius accēdere!"

cūncta ēdoctus : dē cūnctīs rēbus certior factus

pōns Mulvius: quō Tiberim trānsit via Flāminia

permittit *iīs ut* cētera ita agant utī fac*ere* opus sit
mīlitāris = reī mīlitāris perītus
ob-sīdere = occupāre

ad id locī = ad eum locum

41

salūte suā Pomptīnum obtestātus, quod eī nōtus erat,
postrēmō timidus ac vītae diffīdēns velut hostibus sēsē
praetōribus dēdit.

Quibus rēbus cōnfectīs, omnia properē per nūntiōs 46
cōnsulī dēclārantur. At illum ingēns cūra atque laetitia
simul occupāvēre: nam laetābātur intellegēns coniūrātiōne patefactā cīvitātem perīculīs ēreptam esse; porrō
autem anxius erat dubitāns, in māximō scelere tantīs
cīvibus dēprehēnsīs, quid factō opus esset: poenam
illōrum sibi onerī, impūnitātem perdundae reī pūblicae
fore crēdēbat.

Igitur, cōnfirmātō animō, vocārī ad sēsē iubet Lentulum, Cethēgum, Statilium, Gabīnium, itemque Cae-
pārium Tarracīnēnsem, quī in Āpuliam ad concitanda
servitia proficīscī parābat. Cēterī sine morā veniunt,
Caepārius, paulō ante domō ēgressus, cognitō indiciō ex
urbe profūgerat.

Cōnsul Lentulum, quod praetor erat, ipse manū tenēns
in senātum perdūcit, reliquōs cum cūstōdibus in aedem
Concordiae venīre iubet. Eō senātum advocat, magnā-
que frequentiā eius ōrdinis Volturcium cum lēgātīs intrō-
dūcit; Flaccum praetōrem scrīnium cum litterīs, quās ā
lēgātīs accēperat, eōdem adferre iubet.

Volturcius interrogātus dē itinere, dē litterīs, postrēmō 47
'quid aut quā dē causā cōnsilī habuisset?' prīmō fingere
alia, dissimulāre dē coniūrātiōne; post, ubi fidē pūblicā
dīcere iussus est, omnia utī gesta erant aperit, docetque
'sē, paucīs ante diēbus ā Gabīniō et Caepāriō socium

---

vītae (*dat*) diffīdere = vītam
dēspērāre

porrō = ad hoc, praetereā

onerī esse = molestum esse
perdundae reī pūblicae (*dat*)
fore : rem pūblicam per-
ditūram esse

Tarracīnēnsis -is *m*< Tarra-
cīna, oppidum Latiī mari-
timum

indicium -ī *n* = quod indicā-
tur (dē maleficiō); cognitō
indiciō : cum cognōvisset
indicium factum esse

eius ōrdinis : senātōrum

scrīnium
-ī *n*

quid cōnsil*ī* (= quod cōnsilium) habuisset
dis-simulāre = simulāre sē
ignōrāre; fing*it*, dissimul*at*
fidē pūblicā (*impūnitātis*)
datā

42

adscītum, nihil amplius scīre quam lēgātōs, tantummodo audīre solitum ex Gabīniō P. Autrōnium, Ser. Sullam, L. Varguntēium, multōs praetereā in eā coniūrātiōne esse.' Eadem Gallī fatentur, ac Lentulum dissimulantem coarguunt, praeter litterās, sermōnibus quōs ille habēre solitus erat: 'ex librīs Sibyllīnīs rēgnum Rōmae tribus Cornēliīs portendī: Cinnam atque Sullam anteā, sē tertium esse cui fātum foret urbis potīrī! Praetereā ab incēnsō Capitōliō illum esse vīcēsimum annum, quem saepe ex prōdigiīs haruspicēs respondissent bellō cīvīlī cruentum fore.'

Igitur, perlēctīs litterīs, cum prius omnēs signa sua cognōvissent, senātus dēcernit 'utī abdicātō magistrātū Lentulus itemque cēterī in līberīs cūstōdiīs habeantur.' Itaque Lentulus P. Lentulō Spinthērī, quī tum aedīlis erat, Cethēgus Q. Cornificiō, Statilius C. Caesarī, Gabīnius M. Crassō, Caepārius – nam is paulō ante ex fugā retractus erat – Cn. Terentiō senātōrī trāduntur.

48 Intereā plēbs, coniūrātiōne patefactā, quae prīmō cupida rērum novārum nimis bellō favēbat, mūtātā mente Catilīnae cōnsilia exsecrārī, Cicerōnem ad caelum tollere: velutī ex servitūte ērepta gaudium atque laetitiam agitābat. Namque alia bellī facinora praedae magis quam dētrīmentō fore, incendium vērō crūdēle, immoderātum ac sibi māximē calamitōsum putābat, quippe cui omnēs cōpiae in ūsū cotīdiānō et cultū corporis erant.

---

a(d)-scīscere -īvisse -ītum

solitum *esse*

co-arguere = convincere (facinoris)

'*Cornēlium* Cinnam atque *Cornēlium* Sullam anteā *fuisse*'
urb*is* potīrī = urbis potēns fierī, urbe potīrī
templum Iovis Capitōlīnī incēnsum est annō 83 a.C.
haruspex -icis *m* = vātēs quī ex prōdigiīs futūra praedīcit

per-legere
cognōscere = agnōscere
magistrātū (sē) ab-dicāre = magistrātum dēpōnere
in līberīs cūstōdiīs: apud cīvēs nōbilēs
P. *Cornēlius* Lentulus Spinthēr (-ēris), cōs. annō 57 a.C.

: exsecr*ābātur*
: ad caelum toll*ēbat* (: summīs laudibus afficiēbat)
gaudium/laetitiam agitābat
: gaud*ēbat*/laet*ābātur*
praedae magis quam dētrīmentō *sibi* fore *putābat*
calamitōsus -a -um < calamitās
quippe cui = quia eī (: plēbī)
cōpiae = opēs, bona
ūsus -ūs *m* = quod ūsui est, rēs necessāriae

M. TVLLII CICERONIS
IN L. CATILINAM ORATIO TERTIA
habita ad populum a. d. III nōn. Dec.
annō DCXCI a. u. c.

rem pūblicam vītamque om-
nium vestrum (= vestram
omnium), bona... atque...
urbem... restitūtam vidētis

hodiernō diē = hodiē

labōribus... meīs

faucēs -ium *f* = ōs avidum
dēvorandī

nāscendī condiciō = con-
diciō (fortūna) eius quī
nāscitur

illum : Rōmulum

bene-volentia ↔ male-
volentia
is : Cicerō

nam ignēs tōtī urbī... prope
iam subiectōs circumda-
tōsque restīnximus (: re-
stīnxī, *pers 1 pl prō sg*)
iīdemque : itemque (nōs)
dē-stringere = stringere
re-tundere rettudisse -tūsum
= repellere
mūcrō -ōnis *m* = extrēmus
gladius acūtus

mūcrō

Rem pūblicam, Quirītēs, vītamque omnium vestrum, 1
bona, fortūnās, coniugēs līberōsque vestrōs, atque hoc
domicilium clārissimī imperī, fortūnātissimam pulcher-
rimamque urbem, hodiernō diē, deōrum immortālium
summō ergā vōs amōre, labōribus, cōnsiliīs, perīculīs
meīs, ē flammā atque ferrō ac paene ex faucibus fātī
ēreptam et vōbīs cōnservātam ac restitūtam vidētis. Et sī 2
nōn minus nōbīs iūcundī atque illūstrēs sunt eī diēs
quibus cōnservāmur quam illī quibus nāscimur, quod
salūtis certa laetitia est, nāscendī incerta condiciō, et
quod sine sēnsū nāscimur, cum voluptāte servāmur,
profectō, quoniam illum quī hanc urbem condidit ad deōs
immortālēs benevolentiā fāmāque sustulimus, esse apud
vōs posterōsque vestrōs in honōre dēbēbit is quī eandem
hanc urbem conditam amplificātamque servāvit! Nam
tōtī urbī, templīs, dēlūbrīs, tēctīs ac moenibus subiectōs
prope iam ignēs circumdatōsque restīnximus, iīdemque gladiōs in rem pūblicam dēstrictōs rettudimus
mūcrōnēsque eōrum ā iugulīs vestrīs dēiēcimus!

Quae quoniam in senātū illūstrāta, patefacta, com- 3
perta sunt per mē, vōbīs iam expōnam breviter, ut, et
quanta et quam manifēsta et quā ratiōne investīgāta et

comprehēnsa sint, vōs quī et ignōrātis et exspectātis scīre possītis.

ut vōs..... scīre possītis et quanta et quam manifēsta et quā ratiōne investīgāta et comprehēnsa sint

Prīncipiō, ut Catilīna paucīs ante diēbus ērūpit ex urbe, cum sceleris suī sociōs huiusce nefāriī bellī ācerrimōs ducēs Rōmae relīquisset, semper vigilāvī et prōvīdī, Quirītēs, quemadmodum in tantīs ac tam absconditīs īnsidiīs salvī esse possēmus. Nam tum cum ex urbe Catilīnam ēiciēbam – nōn enim iam vereor huius verbī invidiam, cum illa magis sit timenda, quod vīvus exierit! – sed tum cum illum exterminārī volēbam, aut reliquam coniūrātōrum manum simul exitūram aut eōs quī restitissent īnfirmōs sine illō ac dēbilēs fore putābam. Atque ego ut vīdī quōs māximō furōre et scelere esse īnflammātōs sciēbam eōs nōbīscum esse et Rōmae remānsisse, in eō omnēs diēs noctēsque cōnsūmpsī ut quid agerent, quid mōlīrentur sentīrem ac vidērem, ut, quoniam auribus vestrīs propter incrēdibilem magnitūdinem sceleris minōrem fidem faceret ōrātiō mea, rem ita comprehenderem, ut tum dēmum animīs salūtī vestrae prōvidērētis, cum oculīs maleficium ipsum vidērētis.

Itaque, ut comperī 'lēgātōs Allobrogum bellī Trānsalpīnī et tumultūs Gallicī excitandī causā ā P. Lentulō esse sollicitātōs, eōsque in Galliam ad suōs cīvēs cum litterīs mandātīsque eōdemque itinere ad Catilīnam esse missōs, comitemque eīs adiūnctum esse T. Volturcium atque huic esse ad Catilīnam datās litterās', facultātem mihi oblātam putāvī ut – quod erat difficillimum quodque ego semper optābam ab dīs immortālibus – tōta rēs

4

prō-vīdēre = ante vidēre et cūrāre
abs-conditus -a -um = abditus

huius verbī invidiam : invidiam ob hoc verbum

ex-termināre = ē terminīs (in exsilium) expellere
re-stāre -stitisse = remanēre

ut vīdī nōbīscum esse... eōs quōs māximō furōre et scelere īnflammātōs esse sciēbam

minōrem fidem faceret : minus crēdibilis esset
prō-vidēre + dat: salūtī prōvidēre = dē salūte p.

oblātam esse

manifēstō *adv* = palam

nōn sōlum ā mē, sed etiam ā senātū et ā vōbīs manifēstō dēprehenderētur.

hesternō diē = herī

Itaque hesternō diē L. Flaccum et C. Pomptīnum 5 praetōrēs, fortissimōs atque amantissimōs reī pūblicae virōs, ad mē vocāvī; rem exposuī, quid fierī placēret

quī... sentīrent : cum... sentīrent
recūsātiō -ōnis *f* < recūsāre

ostendī. Illī autem, quī omnia dē rē pūblicā praeclāra atque ēgregia sentīrent, sine recūsātiōne ac sine ūllā

ad-vesperāscere: advesperāscit = vesper fit

morā negōtium suscēpērunt, et, cum advesperāsceret, occultē ad pontem Mulvium pervēnērunt atque ibi in

bi-pertītus -a -um = in duās partēs dīvīsus; *adv* -ō

proximīs vīllīs ita bipertītō fuērunt ut Tiberis inter eōs et pōns interesset. Eōdem autem et ipsī, sine cuiusquam

praefectūra -ae *f* = cīvitās Italiae quae ā praefectō Rōmānō administrābātur Reātīnus -a -um < Reāte -is *n*, cīvitās Sabīnōrum, cui Cicerō erat patrōnus

suspīciōne, multōs fortēs virōs ēdūxerant, et ego ex praefectūrā Reātīnā complūrēs dēlēctōs adulēscentēs, quōrum operā ūtor assiduē in reī pūblicae praesidiō, cum gladiīs mīseram.

III vigiliā exāctā (: fīnītā) : IX hōrā noctis

Interim tertiā ferē vigiliā exāctā, cum iam pontem 6 Mulvium magnō comitātū lēgātī Allobrogēs ingredī in-

ūnāque *cum iīs*
(gladium) dūcere = ēdūcere, stringere

ciperent ūnāque Volturcius, fit in eōs impetus; dūcuntur et ab illīs gladiī et ā nostrīs. Rēs praetōribus erat nōta sōlīs, ignōrābātur ā cēterīs. Tum interventū Pomptīnī atque Flaccī pugna quae erat commissa sēdātur. Litterae quaecumque erant in eō comitātū integrīs signīs prae-

dī-lūcēscere = illūcēscere (↔ advesperāscere)

tōribus trāduntur; ipsī comprehēnsī ad mē, cum iam dī-lūcēsceret, dēdūcuntur.

māchinātor -ōris *m* = quī māchinātur
nihil-dum = nihil adhūc
Cimber -brī (cognōmen):
P. Gabīnius Cimber (= P. Gabīnius *Capitō*, p. 10)

Atque hōrum omnium scelerum improbissimum mā-chinātōrem, Cimbrum Gabīnium, statim ad mē nihildum suspicantem vocāvī, deinde item accersītus est L. Stati-lius et post eum Cethēgus; tardissimē autem Lentulus

vēnit – credō quod in litterīs dandīs praeter cōnsuētūdi-
nem proximā nocte vigilārat!

-ārat = -āverat

7   Cum summīs et clārissimīs huius cīvitātis virīs, quī
audītā rē frequentēs ad mē māne convēnerant, litterās ā
mē prius aperīrī quam ad senātum dēferrī placēret, 'nē,
sī nihil esset inventum, temere ā mē tantus tumultus iniectus cīvitātī vidērētur', negāvī 'mē esse factūrum ut dē
perīculō pūblicō nōn ad cōnsilium pūblicum rem inte-
gram dēferrem.' Etenim, Quirītēs, sī ea quae erant ad
mē dēlāta reperta nōn essent, tamen ego nōn arbitrābar
in tantīs reī pūblicae perīculīs esse mihi nimiam dīligentiam pertimēscendam.

cum summīs... virīs... placēret (= etsī...placēbat) litterās ā mē prius aperīrī...

(ōrātiō rēcta:) "nē, sī nihil
erit inventum, temere ā tē
tantus tumultus iniectus
esse cīvitātī videātur"
negāvī 'mē esse factūrum
ut...' = dīxī 'mē nōn esse
factūrum ut...' ("nōn faciam ut ... nōn ... rem inte-
gram dēferam")

dēlāta : indicāta

8   Senātum frequentem celeriter, ut vīdistis, coēgī. Atque intereā statim, admonitū Allobrogum, C. Sulpicium
praetōrem, fortem virum, mīsī, quī ex aedibus Cethēgī,
sī quid tēlōrum esset, efferret: ex quibus ille māximum
sīcārum numerum et gladiōrum extulit!

quī... efferret : ut... efferret
sī quid tēlōrum esset = sī
(ali)qua tēla ibi essent

Intrōdūxī Volturcium sine Gallīs; fidem pūblicam
iussū senātūs dedī; hortātus sum 'ut ea quae scīret sine
timōre indicāret'. Tum ille dīxit, cum vix sē ex magnō
timōre recreāsset, 'ā P. Lentulō sē habēre ad Catilīnam
mandāta et litterās: ut servōrum praesidiō ūterētur, ut ad
urbem quam prīmum cum exercitū accēderet! – id autem
eō cōnsiliō, ut, cum urbem ex omnibus partibus, quemadmodum dēscrīptum distribūtumque erat, incendissent
caedemque īnfīnītam cīvium fēcissent, praestō esset ille,
quī et fugientēs exciperet et sē cum hīs urbānīs ducibus
coniungeret!'

fidem pūblicam dare : im-
pūnitātem prōmittere

dē-scrībere = litterīs ex-
pōnere
praestō adv: praestō esse
= parātus adesse
quī... exciperet = ut... exciperet

47

(Galli:) "iūs iūrandum *nōbīs* et litter*ae* ā P.L. ... ad *nostram* gentem dat*ae sunt,* atque ita *nōbīs* ab hīs et ā L.C. *est* praescrīptum ut equitātum... mitter*ēmus"* prae-scrībere = praecipere

(coniūrātī:) "pedestr*ēs* cōpi*ae nōbīs* nōn de*erunt"* (Galli:) "Lentul*us* autem *nōbīs* cōnfirmāv*it* '...'"

eundemque dīxisse = itemque eum dīxisse

absolūtiō -ōnis *f* < absolvere (virginēs Vestālēs stuprī absolūtae erant) incēnsiō -ōnis *f* < incendere

contrōversia -ae *f* = iūrgium

Sāturnālibus: a. d. XVI kal. Iān.
(nimium) longum : sērum nē longum sit : ut breviter dīcam tabellae = litterae datae *esse*

līnum -ī *n* = līnea (quā tabellae colligantur)

"*ego* quae *vestrīs* lēgātīs cōnfirmāv*ī* faci*am;* ōrō ut item *vōs* faci*ātis* quae *mihi vestrī* lēgātī recēp*ērunt"* recipere + *dat* = prōmittere

ferrāmentum -ī *n* = īnstrūmentum ferreum ab-iectus = afflīctus

Intrōductī autem Gallī 'iūs iūrandum sibi et litterās ā P. 9 Lentulō, Cethēgō, Statiliō ad suam gentem datās esse' dīxērunt, 'atque ita sibi ab hīs et ā L. Cassiō esse praescrīptum, ut equitātum in Italiam quam prīmum mitterent: 'pedestrēs sibi cōpiās nōn dēfutūrās'; Lentulum autem sibi cōnfirmāsse 'ex fātīs Sibyllīnīs haruspicumque respōnsīs sē esse tertium illum Cornēlium ad quem rēgnum huius urbis atque imperium pervenīre esset necesse – Cinnam ante sē et Sullam fuisse'; eundemque dīxisse 'fātālem hunc annum esse ad interitum huius urbis atque imperī, quī esset annus decimus post virginum absolūtiōnem, post Capitōlī autem incēnsiōnem vīcēsimus'. Hanc autem Cethēgō 10 cum cēterīs contrōversiam fuisse' dīxērunt 'quod Lentulō et aliīs Sāturnālibus caedem fierī atque urbem incendī placēret, Cethēgō nimium id longum vidērētur.'

Ac nē longum sit, Quirītēs, tabellās prōferrī iussimus quae ā quōque dīcēbantur datae. Prīmō ostendimus Cethēgō; signum cognōvit. Nōs līnum incīdimus, lēgimus. Erat scrīptum ipsīus manū Allobrogum senātuī et populō: *'sēsē quae eōrum lēgātīs cōnfirmāsset factūrum esse; ōrāre ut item illī facerent quae sibi eōrum lēgātī recēpissent.'*

Tum Cethēgus, quī paulō ante aliquid tamen dē gladiīs ac sīcīs quae apud ipsum erant dēprehēnsae respondisset dīxissetque 'sē semper bonōrum ferrāmentōrum studiōsum fuisse!', recitātīs litterīs dēbilitātus atque abiectus cōnscientiā repente conticuit.

Indrōductus Statilius cognōvit et litterās et manum suam. Recitātae sunt tabellae in eandem ferē sententiam; cōnfessus est.

Tum ostendī tabellās Lentulō et quaesīvī 'cognōsceret-ne signum?' Adnuit. "Est vērō" inquam "nōtum quidem signum: imāgō avī tuī, clārissimī virī, quī amāvit ūnicē patriam et cīvēs suōs: quae quidem tē ā tantō scelere

11 etiam mūta revocāre dēbuit!" Leguntur eādem ratiōne ad senātum Allobrogum populumque litterae. Sī quid dē hīs rēbus dīcere vellet, fēcī potestātem.

Atque ille prīmō quidem negāvit. Post autem ali-quantō, tōtō iam indiciō expositō atque ēditō, surrēxit, quaesīvit ā Gallīs 'quid sibi esset cum eīs, quamobrem domum suam vēnissent?' itemque ā Volturciō. Quī cum illī breviter cōnstanterque respondissent, per quem ad eum quotiēsque vēnissent, quaesīssentque ab eō 'nihilne sēcum esset dē fātīs Sibyllīnīs locūtus?' tum ille subitō, scelere dēmēns, quanta cōnscientiae vīs esset ostendit: nam cum id posset īnfitiārī, repente praeter opīniōnem omnium cōnfessus est. Ita eum nōn modo ingenium illud et dīcendī exercitātiō, quā semper valuit, sed etiam – propter vim sceleris manifēstī atque dēprehēnsī – im-pudentia, quā superābat omnēs, improbitāsque dēfēcit!

12 Volturcius vērō subitō litterās prōferrī atque aperīrī iubet, 'quās sibi ā Lentulō ad Catilīnam datās esse' dīcēbat. Atque ibi vehementissimē perturbātus Lentulus tamen et signum et manum suam cognōvit. Erant autem sine nōmine, sed ita:

manum suam : litterās suā manū scrīptās

"cognōscis-ne signum?"

ad-nuere -nuisse = assentīre
nūtū (mōtū capitis)
avī tuī: P. Cornēliī Lentulī, cōs. annō 162 a.C.

eādem ratiōne : in eandem sententiam

aliquantō post

quid : quid negōtiī
"quid mihi est vōbīscum, quamobrem domum meam vēneritis?"

quaesīssent = quaesīvissent
"nihilne nōbīscum dē fātīs Sibyllīnīs locūtus es?"
fāta Sibyllīna: librī Sibyllīnī (quibus praedīcuntur fāta)

cum... posset : etsī... poterat
īnfitiārī ↔ cōnfitērī
eum... dēfēcit (: eī dēfuit)

dīcendī exercitātiō : ars dīcendī, ēloquentia

improbitās -ātis f < improbus

(Volturcius:) "prōfer litterās quae mihi ā Lentulō ad Catilīnam datae sunt!"

"Quis sim, sciēs ex eō quem ad tē mīsī. Cūrā ut vir

ecquid = num quid

sīs, et cōgitā quem in locum sīs prōgressus. Vidē ecquid
tibi iam sit necesse, et cūrā ut omnium tibi auxilia ad-
iungās, etiam īnfimōrum."

Gabīnius deinde intrōductus, cum prīmō impudenter

ad extrēmum = postrēmō

respondēre coepisset, ad extrēmum nihil ex eīs quae

īnsimulāre = accūsāre

Gallī īnsimulābant negāvit.

cum (illa...), tum (...illa) =
nōn modo..., sed etiam...
argūmentum = id quod ali-
quid vērum esse dēclārat

Ac mihi quidem, Quirītēs, cum illa certissima vīsa sunt 13
argūmenta atque indicia sceleris: tabellae, signa, manūs,
dēnique ūnīus cuiusque cōnfessiō, tum multō certiōra
illa: color, oculī, vultūs, taciturnitās. Sīc enim obstupu-

fūrtim = fūris modō, clam

erant, sīc terram intuēbantur, sīc fūrtim nōnnumquam

indicāre = male fēcisse
indicāre

inter sēsē aspiciēbant, ut nōn iam ab aliīs indicārī, sed
indicāre sē ipsī vidērentur.

Indiciīs expositīs atque ēditīs, Quirītēs, senātum con-

summa rēs pūblica : salūs
reī pūblicae

suluī 'dē summā rē pūblicā quid fierī placēret?' Dictae
sunt ā prīncipibus ācerrimae ac fortissimae sententiae,
quās senātus sine ūllā varietāte est secūtus. Et quoniam
nōndum est perscrīptum senātūs cōnsultum, ex memoriā
vōbīs, Quirītēs, quid senatus cēnsuerit expōnam:

Prīmum mihi grātiae verbīs amplissimīs aguntur, 14

prōvidentia -ae *f* < prō-
vidēre

'quod virtūte, cōnsiliō, prōvidentiā meā rēs pūblica
māximīs perīculīs sit līberāta.' Deinde L. Flaccus et C.
Pomptīnus praetōrēs, quod eōrum operā fortī fidēlīque

meritō *adv* : ut meruērunt

ūsus essem, meritō ac iūre laudantur. Atque etiam virō

collēgae : C. Antōniō

fortī, collēgae meō, laus impertītur 'quod eōs quī huius
coniūrātiōnis participēs fuissent ā suīs et ā reī pūblicae
cōnsiliīs remōvisset.' Atque ita cēnsuērunt 'ut P. Lentulus,

cum sē praetūrā abdicāsset, in cūstōdiam trāderētur';
itemque 'utī C. Cethēgus, L. Statilius, P. Gabīnius', quī
omnēs praesentēs erant, 'in cūstōdiam trāderentur';
atque idem hoc dēcrētum est in L. Cassium, quī sibi
prōcūrātiōnem incendendae urbis dēpoposcerat, in M.
Cēpārium, cui ad sollicitandōs pāstōrēs Āpuliam attri-
būtam esse erat indicātum, in P. Fūrium, quī est ex eīs
colōnīs quōs Faesulās L. Sulla dēdūxit, in Q. Annium
Chīlōnem, quī ūnā cum hōc Fūriō semper erat in hāc
Allobrogum sollicitātiōne versātus, in P. Umbrēnum,
lībertīnum hominem, ā quō prīmum Gallōs ad Gabīnium
perductōs esse cōnstābat. Atque eā lēnitāte senātus est
ūsus, Quirītēs, ut ex tantā coniūrātiōne tantāque hāc
multitūdine domesticōrum hostium, novem hominum
perditissimōrum poenā rē pūblicā cōnservātā, reliquōrum mentēs sānārī posse arbitrārētur.

15   Atque etiam supplicātiō dīs immortālibus prō singu-
lārī eōrum meritō meō nōmine dēcrēta est, quod mihi
prīmum post hanc urbem conditam togātō contigit, et
hīs dēcrēta verbīs est: 'quod urbem incendiīs, caede
cīvēs, Italiam bellō līberāssem.' Quae supplicātiō sī cum
cēterīs supplicātiōnibus cōnferātur, hoc interest, quod
cēterae bene gestā, haec ūna cōnservātā rē pūblicā
cōnstitūta est.

Atque illud quod faciendum prīmum fuit factum atque trānsāctum est: nam P. Lentulus, quamquam pate-
factīs indiciīs, cōnfessiōnibus suīs, iūdiciō senātūs nōn
modo praetōris iūs, vērum etiam cīvis āmīserat, tamen

prōcūrātiō (< prō-cūrāre)
  = rēs cūranda, mūnus
dē-poscere = poscere
Cēpārius = Caepārius
at-tribuere = tribuere (rem
  agendam)

Chīlō -ōnis, cognōmen
sollicitātiō -ōnis f < sollicitāre
in rē versārī : rem agitāre,
  reī operam dare

lēnitās -ātis f (< lēnis)
  = clēmentia

cōn-ferre = comparāre

cēterae bene gestā rē pū-
  blicā cōnstitūtae sunt

ut nōs in <u>prīvātō</u> P. Lentulō
pūniendō eā religiōne lībe-
rārēmur quae C. Mariō...
nōn fuerat *quōminus* C. G.
... <u>praetōrem</u> occīderet
(nōn) quō-minus + *coni* = nē
nōminātim *adv* = cum
   nōmine

cōnscelerātus -a -um
   = scelerātus

adeps -ipis *f.* in corpore
crassō multum est *adipis*
: nōn mihi pertimēscendum
esse *somniculōsum* P. Lentulum nec *pinguem* L.Cas-
sium nec furiōsum et te-
merārium C. Cethēgum
somniculōsus -a -um = cu-
pidus somnī, sēgnis
pinguis -e = crassus (ob
   nimium adipis)
omnium aditūs tenēbat :
   omnēs adīre poterat
cōnsilium : mēns callida
neque lingua neque manus
   : neque verba neque vīrēs

cum aliquid *aliīs* mandārat

nisi ego hunc hominem ...
   compulissem

castrēnsis -e < castra

cervīx -īcis *f* = collī pars
   posterior

magistrātū sē abdicāvit, ut quae religiō C. Mariō,
clārissimō virō, nōn fuerat quōminus C. Glauciam, dē
quō nihil nōminātim erat dēcrētum, praetōrem occīderet,
eā nōs religiōne in prīvātō P. Lentulō pūniendō līberā-
rēmur.

Nunc quoniam, Quirītēs, cōnscelerātissimī perīculō- 16
sissimīque bellī nefāriōs ducēs captōs iam et com-
prehēnsōs tenētis, exīstimāre dēbētis omnēs Catilīnae
cōpiās, omnēs spēs atque opēs hīs dēpulsīs urbis perīculīs concidisse. Quem quidem ego cum ex urbe pel-
lēbam, hoc prōvidēbam animō, Quirītēs, remōtō Catilīnā
nōn mihi esse P. Lentulī somnum, nec L. Cassī adipēs
nec C. Cethēgī furiōsam temeritātem pertimēscendam.
Ille erat ūnus timendus ex istīs omnibus, sed tam diū
dum urbis moenibus continēbātur.

Omnia nōrat, omnium aditūs tenēbat; appellāre, temptāre, sollicitāre poterat, audēbat. Erat eī cōnsilium ad
facinus aptum, cōnsiliō autem neque lingua neque manus
deerat. Iam ad certās rēs cōnficiendās certōs hominēs
dēlēctōs ac discrīptōs habēbat. Neque vērō, cum aliquid
mandārat, cōnfectum putābat: nihil erat quod nōn ipse
obīret, occurreret, vigilāret, labōrāret; frīgus, sitim,
famem ferre poterat. Hunc ego hominem tam ācrem, 17
tam audācem, tam parātum, tam callidum, tam in scelere
vigilantem, tam in perditīs rēbus dīligentem, nisi ex
domesticīs īnsidiīs in castrēnse latrōcinium compulissem
– dīcam id quod sentiō, Quirītēs – , nōn facile hanc
tantam mōlem malī ā cervīcibus vestrīs dēpulissem. Nōn

ille nōbīs Sāturnālia cōnstituisset neque tantō ante exitī
ac fātī diem reī pūblicae dēnūntiāvisset, neque com-
mīsisset ut signum, ut litterae suae testēs manifēstī
sceleris dēprehenderentur. Quae nunc illō absente sīc
gesta sunt ut nūllum in prīvātā domō fūrtum umquam sit
tam palam inventum quam haec in tōtā rē pūblicā
coniūrātiō manifēstō comprehēnsa est.

committere ut... = ita facere ut...

palam invenīre = pate-facere

manifēstō *adv*

Quod sī Catilīna in urbe ad hanc diem remānsisset,
quamquam, quoad fuit, omnibus eius cōnsiliīs occurrī
atque obstitī, tamen – ut levissimē dīcam – dīmicandum
nōbīs cum illō fuisset, neque nōs umquam, cum ille in
urbe hostis esset, tantīs perīculīs rem pūblicam tantā
pāce, tantō ōtiō, tantō silentiō līberāssēmus.

(*ā*) tantīs perīculīs
(*in*) tantā pāce...

....

29   Vōs, Quirītēs, quoniam iam est nox, venerātī Iovem
illum cūstōdem huius urbis ac vestrum, in vestra tēcta
discēdite et ea, quamquam iam est perīculum dēpulsum,
tamen aequē ac priōre nocte cūstōdiīs vigiliīsque dē-
fendite! Id nē vōbīs diūtius faciendum sit, atque ut in
perpetuā pāce esse possītis, prōvidēbō, Quirītēs.

aequē : eōdem modō

C. SALLVSTII CRISPI
DE CATILINAE CONIVRATIONE

[Dē suppliciō coniūrātōrum]

post eum diem = ꝓosterō
diē (: prīdiē nōn. Dec.)

(*ōrātiō rēcta:*)
"indicā*bō* dē coniūrātiōne sī
mihi fidēs pūblica data *erit*"
'sī *sibi* fidēs pūblica data
esset'
ē-dīcere = clārē dīcere

quī nūntiāret = ut nūntiāret

nē eum Lentulus et Cethē-
gus... dēprehēnsī terrērent
: nē eum terrēret quod L.
et C. ... dēprehēnsī essent
quō reficeret = ut reficeret
(animum) re-ficere = recreāre, cōnfirmāre

aliī... pars... = aliī... aliī..

id vērum *esse* exīstimābant
tanta vīs hominis = tam potēns homō (*nōn* exagitan-
d*us* sed magis lēni*endus*)
Crassō obnoxiī : quī Crassō
multum dēbēbant
index -icis *m* = quī indicat;
i. falsus : quī mentītur
referātur *ad senātum*

com-probāre = vērum esse
ostendere
lībertus Lentulī = lībertīnus
quī Lentulī servus fuit

Post eum diem quīdam L. Tarquinius ad senātum ad- 48
ductus erat, 'quem ad Catilīnam proficīscentem ex itinere
retractum' āiēbant. Is cum 'sē' dīceret 'indicātūrum dē
coniūrātiōne, sī fidēs pūblica data esset', iussus ā cōnsule quae scīret ēdīcere, eadem ferē quae Volturcius dē
parātīs incendiīs, dē caede bonōrum, dē itinere hostium
senātum docet; praetereā 'sē missum ā M. Crassō, quī
Catilīnae nūntiāret nē eum Lentulus et Cethēgus aliīque
ex coniūrātiōne dēprehēnsī terrērent, eōque magis
properāret ad urbem accēdere, quō et cēterōrum animōs
reficeret et illī facilius ē perīculō ēriperentur.'

Sed ubi Tarquinius Crassum nōmināvit, hominem
nōbilem māximīs dīvitiīs, summā potentiā, aliī rem incrēdibilem ratī, pars tametsī vērum exīstimābant, tamen
quia in tālī tempore tanta vīs hominis magis lēniunda
quam exagitanda vidēbātur, plērīque Crassō ex negōtiīs
prīvātīs obnoxiī, conclāmant 'indicem falsum esse!' dē-
que eā rē postulant utī referātur. Itaque cōnsulente Cicerōne frequēns senātus dēcernit 'Tarquinī indicium falsum
vidērī, eumque in vinculīs retinendum.' ...

Dum haec in senātū aguntur, et dum lēgātīs Allobro- 50
gum et T. Volturciō, comprobātō eōrum indiciō, praemia dēcernuntur, lībertī et paucī ex clientibus Lentulī
dīversīs itineribus opificēs atque servitia in vīcīs ad eum

54

ēripiundum sollicitābant, partim exquīrēbant ducēs multi-
tūdinum quī pretiō rem pūblicam vexāre solitī erant.
Cethēgus autem per nūntiōs familiam atque lībertōs
suōs lēctōs atque exercitātōs ōrābat ut grege factō cum
tēlīs ad sēsē irrumperent.

Cōnsul ubi ea parārī cognōvit, dispositīs praesidiīs ut
rēs atque tempus monēbat, convocātō senātū refert 'quid
dē eīs fierī placeat quī in cūstōdiam trāditī erant.' (Sed
eōs paulō ante frequēns senātus iūdicāverat 'contrā rem
pūblicam fēcisse'.) Tum D. Sīlānus, prīmus sententiam
rogātus, quod eō tempore cōnsul dēsignātus erat, 'dē eīs
quī in cūstōdiīs tenēbantur et praetereā dē L Cassiō, P.
Fūriō, P. Umbrēnō, Q. Anniō, sī dēprehēnsī forent, supplicium sūmundum' dēcrēverat – isque posteā, permōtus
ōrātiōne C. Caesaris, 'pedibus in sententiam Ti. Nerōnis
itūrum sē' dīxerat, quī dē eā rē praesidiīs additīs
referundum cēnsuerat.

51   Sed Caesar, ubi ad eum ventum est, rogātus sententiam ā cōnsule huiusce modī verba locūtus est:

"Omnēs hominēs, patrēs cōnscrīptī, quī dē rēbus du-
biīs cōnsultant, ab odiō, amīcitiā, īrā atque misericordiā
vacuōs esse decet. Haud facile animus vērum prōvidet
ubi illa officiunt, neque quisquam omnium libīdinī
simul et ūsuī pāruit. Ubi intenderis ingenium, valet; sī
libīdō possidet, ea dominātur, animus nihil valet.

"Magna mihi cōpia est memorandī, patrēs cōnscrīptī,
quī rēgēs atque populī īrā aut misericordiā impulsī male
cōnsuluerint; sed ea mālō dīcere quae māiōrēs nostrī

multitūdinēs : turbae plēbis

solitī erant : solēbant

familiam : servōs

lēctus = ēlēctus

convocātō senātū: nōn. Dec.
in aedem Concordiae

supplicium sūmere dē ali-
quō = aliquem suppliciō
afficere
(pedibus) īre in sententiam
alicuius = sententiam alicuius sequī, alicuī assentīrī
dīxerat : dīxit

ad senātum referendum
esse cēnsuerat

rogātus sententiam ā cōn-
sule = cum cōnsul eum
sententiam rogāvisset

vērum = rēctum, iūstum,
quod rēctum/iūstum est
quisquam omnium = quis-
quam omnīnō
ūsus = ūtilitās (quod ūtile
est)
tē possidet

cōpia (+*gen* -ndī) = occāsiō,
facultās

cōnsulere = cōnsultāre,
cōnsilium capere

55

ōrdine = ut fierī oportet

Persēs -ae *m, abl* -ē
= Perseus
Rhodiī Rōmānōs contrā
Perseum adiuvāre re-
cūsāvērunt

cōn-sulere -uisse -sultum;
cōnsultum est (ā senātū):
senātus cōnsuluit

inceptum = coeptum *esse*

cum... fēcissent : etsī...
fēcerant

ipsī : Rōmānī
per occāsiōnem = occāsiōne
datā

rei (*dat*) cōn-sulere = cūram
habēre dē rē, rem cūrāre
digna poena : iūsta poena
novum cōnsilium : suppli-
cium capitis
ex-superāre = superāre
eīs *suppliciīs*
lēgēs cīvem Rōmānum ca-
pite pūnīrī vetābant
compositē = ōrdinātē, ēle-
ganter

dī-vellere = āvellere

col-libēre = libēre

spoliāre = dīripere

cadāver -eris *n* = corpus
mortuum

contrā libīdinem animī suī rēctē atque ōrdine fēcēre.
Bellō Macedonicō, quod cum rēge Persē gessimus, Rho-
diōrum cīvitās magna atque magnifica, quae populī
Rōmānī opibus crēverat, īnfida atque adversa nōbīs fuit;
sed postquam bellō cōnfectō dē Rhodiīs cōnsultum est,
māiōrēs nostrī, nē quis 'dīvitiārum magis quam iniūriae
causā bellum inceptum' dīceret, impūnītōs eōs dīmīsēre.
Item bellīs Pūnicīs omnibus, cum saepe Carthāginiēnsēs
et in pāce et per indūtiās multa nefāria facinora fēcissent, numquam ipsī per occāsiōnem tālia fēcēre: magis
quid sē dignum foret quam quid in illōs fierī posset
quaerēbant.

"Hoc item vōbīs prōvidendum est, patrēs cōnscrīptī,
nē plūs apud vōs valeat P. Lentulī et cēterōrum scelus
quam vestra dignitās, neu magis īrae vestrae quam
fāmae cōnsulātis. Nam sī digna poena prō factīs eōrum
reperītur, novum cōnsilium approbō; sīn magnitūdō
sceleris omnium ingenia exsuperat, eīs ūtendum cēnseō
quae lēgibus comparāta sunt.

"Plērīque eōrum quī ante mē sententiās dīxērunt compositē atque magnificē cāsum reī pūblicae miserātī sunt.
Quae bellī saevitia esset, quae victīs acciderent, ēnume-
rāvēre: 'rapī virginēs, puerōs, dīvellī līberōs ā parentum
complexū, mātrēs familiārum patī quae victōribus col-
libuisset; fāna atque domōs spoliārī; caedem, incendia
fierī; postrēmō armīs, cadāveribus, cruōre atque lūctū
omnia complērī!' Sed, per deōs immortālēs, quō illa
ōrātiō pertinuit? An utī vōs īnfēstōs coniūrātiōnī faceret?

Scīlicet quem rēs tanta et tam atrōx nōn permōvit, eum ōrātiō accendet! Nōn ita est, neque cuiquam mortālium iniūriae suae parvae videntur, multī eās gravius aequō habuēre. Sed alia aliīs licentia est, patrēs cōnscrīptī. Quī dēmissī in obscūrō vītam habent, sī quid īrācundiā dēlīquērunt, paucī sciunt; fāma atque fortūna eōrum parēs sunt. Quī magnō imperiō praeditī in excelsō aetātem agunt, eōrum facta cūnctī mortālēs nōvēre. Ita in māximā fortūnā minima licentia est: neque studēre neque ōdisse, sed minimē īrāscī decet. Quae apud aliōs 'īrācundia' dīcitur, ea in imperiō 'superbia' atque 'crūdēlitās' appellātur.

"Equidem ego sīc exīstimō, patrēs cōnscrīptī, omnēs cruciātūs minōrēs quam facinora illōrum esse. Sed plērīque mortālēs postrēma meminēre, et in hominibus impiīs sceleris eōrum oblītī dē poenā disserunt, sī ea paulō sevērior fuit.

"D. Sīlānum, virum fortem atque strēnuum, certō sciō quae dīxerit studiō reī pūblicae dīxisse neque illum in tantā rē grātiam aut inimīcitiās exercēre: eōs mōrēs eamque modestiam virī cognōvī. Vērum sententiam eius mihi nōn crūdēlis – quid enim in tālēs hominēs crūdēle fierī potest? – sed aliēna ā rē pūblicā nostrā vidētur. Nam profectō aut metus aut iniūria tē subēgit, Sīlāne, cōnsulem dēsignātum, genus poenae novum dēcernere. Dē timōre supervacāneum est disserere, cum praesertim dīligentiā clārissimī virī cōnsulis tanta praesidia sint in armīs. Dē poenā possum equidem dīcere, id quod rēs

suae : in sē (factae)
graviter ferre/habēre = aegrē ferre; gravius aequō : gravius quam aequum est
alia licentia est = alia facere licet; alia aliīs *alia aliīs*
obscūrum = obscūrus locus
īrācundia -ae *f* = mēns quae facile īrāscitur
parēs : aequē obscūrae
praeditus -a -um +*abl*: rē praeditus = rem habēns
excelsum = excelsus locus, dignitās (↔ obscūrum)

studēre : favēre

in imperiō : in iīs quī imperiō praeditī sunt

in hominibus impiīs : cum dē hominibus impiīs agitur
paulō sevērior *solitō*

grātiam/inimīcitiās exercēre = grātiā/inimīcitiīs afficī

aliēna ā : abhorrēns ā, nōn conveniēns cum
iniūria *in rem pūblicam*
sub-igere -ēgisse -āctum = cōgere

supervacāneus -a -um ↔ necessārius

id quod rēs habet = rē vērā

57

aerumna -ae *f* = labor, dolor
requiēs -ētis *f, acc* -iem = quiēs
dis-solvere = abolēre, tollere

lēx Porcia 'dē tergō cīvium' vetat cīvem Rōmānum verberārī
cīvibus nōn animam ēripī iubent = cīvēs necārī vetant
exsilium permittere = in exsilium īre permittere

con-vincere/condemnāre + *gen:* facino*ris* convincere = facino*ris* condemnāre
quī *adv* = quōmodo

libīdō -inis *f* = quod fierī libet, voluntās, arbitrium
moderārī + *dat* = regere, gubernāre
quid : quod exemplum

eius : imperiī

ab dignīs (*poenā*) et idōneīs ad indignōs et nōn idōneōs : ab noxiīs ad īnsontēs

im-posuēre : praeposuērunt
(rem pūblicam) tractāre : administrāre
in-demnātum = nōn damnātum, sine iūdiciō
ea (: ea *fierī*) populus laetā-*bātur* et... dīcēbat
iūxtā *adv* : sine discrīmine
libīdinōsus -a -um < libīdō; *adv* -ē = ut libet
: interficiēbant, terrēbant
stultae laetitiae (*gen*) = prō stultā laetitiā

---

habet, 'in lūctū atque miseriīs mortem aerumnārum requiem, nōn cruciātum esse, eam cūncta mortālium mala dissolvere, ultrā neque cūrae neque gaudiō locum esse.' Sed, per deōs immortālēs, quam ob rem in sententiam nōn addidistī, utī prius verberibus in eōs animadverterētur? An quia lēx Porcia vetat? At aliae lēgēs item condemnātīs cīvibus nōn animam ēripī, sed exsilium permittī iubent. An quia gravius est verberārī quam necārī? Quid autem acerbum aut nimis grave est in hominēs tantī facinoris convictōs? Sīn quia levius est, quī convenit in minōre negōtiō lēgem timēre, cum eam in māiōre neglēxeris?

"At enim quis reprehendet quod in parricīdās reī pūblicae dēcrētum erit? Tempus, diēs, fortūna, cuius libīdō gentibus moderātur. Illīs meritō accidet quicquid ēvēnerit; cēterum vōs, patrēs cōnscrīptī, quid in aliōs statuātis, cōnsīderāte! Omnia mala exempla ex rēbus bonīs orta sunt. Sed ubi imperium ad ignārōs eius aut minus bonōs pervēnit, novum illud exemplum ab dignīs et idōneīs ad indignōs et nōn idōneōs trānsfertur.

"Lacedaemoniī dēvictīs Athēniēnsibus trīgintā virōs imposuēre, quī rem pūblicam eōrum tractārent. Eī prīmō coepēre pessimum quemque et omnibus invīsum indemnātum necāre; ea populus laetārī et 'meritō' dīcere 'fierī.' Post, ubi paulātim licentia crēvit, iūxtā bonōs et malōs libīdinōsē interficere, cēterōs metū terrēre. Ita cīvitās, servitūte oppressa, stultae laetitiae gravēs poenās dedit. Nostrā memoriā victor Sulla cum

58

Damasippum et aliōs eius modī, quī malō reī pūblicae crēverant, iugulārī iussit, quis nōn factum eius laudābat? 'Hominēs scelestōs et factiōsōs, quī sēditiōnibus rem pūblicam exagitāverant, meritō necātōs' āiēbant. Sed ea rēs magnae initium clādis fuit: nam utī quisque domum aut vīllam, postrēmō vās aut vestīmentum alicuius concupīverat, dabat operam ut is in prōscrīptōrum numerō esset. Ita illī quibus Damasippī mors laetitiae fuerat paulō post ipsī trahēbantur, neque prius fīnis iugulandī fuit quam Sulla omnēs suōs dīvitiīs explēvit!

"Atque ego haec nōn in M. Tulliō neque hīs temporibus vereor; sed in magnā cīvitāte multa et varia ingenia sunt. Potest aliō tempore, aliō cōnsule, cui item exercitus in manū sit, falsum aliquid prō vērō crēdī; ubi hōc exemplō per senātūs dēcrētum cōnsul gladium ēdūxerit, quis illī fīnem statuet aut quis moderābitur?

"Māiōrēs nostrī, patrēs cōnscrīptī, neque cōnsilī neque audāciae umquam eguēre; neque illīs superbia obstābat, quōminus aliēna īnstitūta, sī modo proba erant, imitārentur. Arma atque tēla mīlitāria ab Samnītibus, īnsignia magistrātuum ab Tūscīs plēraque sūmpsērunt; postrēmō, quod ubīque apud sociōs aut hostēs idōneum vidēbātur, cum summō studiō exsequēbantur: imitārī quam invidēre bonīs mālēbant. Sed eōdem illō tempore, Graeciae mōrem imitātī, verberibus animadvertēbant in cīvēs, dē condemnātīs summum supplicium sūmēbant. Postquam rēs pūblica adolēvit et multitūdine cīvium factiōnēs valuēre, circumvenīrī innocentēs, alia huiusce

Damasippus: Mariānus quī bellō cīvīlī amīcōs Sullae Rōmae interfēcit

ex-agitāre = vexāre

clādēs -is *f* = mala fortūna

bellō cīvīlī *prōscrīptī* in exsilium pellēbantur aut impūne necābantur
laetitiae (*dat*) esse = laetitiam afferre
trahēbantur *ad supplicium*

suōs : sociōs, propinquōs

in M. Tulliō : M. Tulliō *Cicerōne* cōnsule

egēre -uisse + *gen/abl.:* reī
egēre = rē egēre
quō-minus + *coni* = nē

īnsignia magistrātuum: ut fascēs et secūrēs

ex-sequī = appetere
imitārī *bonōs*

summum supplicium = supplicium capitis

coepēre : coepta sunt

exsilium : ut in exsilium
īrent
causam quō-minus +*coni*
: causam (ut) nē

per mūnicipia : in variīs
mūnicipiīs

verbō : sine multīs verbīs

ad-sentīrī +*dat* (aliī) = assentīrī
M. Porcius Catō, Caesaris
adversārius, trib. pl. annō
62 a.C.

āris atque focīs : templīs
atque domibus

quid : quam poenam

persequāre (= -*āris*) : persequī licet

nihil reliquī fit = nihil re-
linquitur, nihil restat

tabulās *pictās*

modī fierī coepēre. Tum lēx Porcia aliaeque lēgēs parā-
tae sunt, quibus lēgibus exsilium damnātīs permissum
est. Hanc ego causam, patrēs cōnscrīptī, quōminus
novum cōnsilium capiāmus, in prīmīs magnam putō.
Profectō virtūs atque sapientia māior in illīs fuit quī ex
parvīs opibus tantum imperium fēcēre quam in nōbīs quī
ea bene parta vix retinēmus!

"Placet igitur eōs dīmittī et augērī exercitum Catilīnae? Minimē. Sed ita cēnseō: '*pūblicandās eōrum
pecūniās, ipsōs in vinculīs habendōs per mūnicipia quae
māximē opibus valent; neu quis dē eīs posteā ad senātum referat nēve cum populō agat; quī aliter fēcerit,
senātum exīstimāre eum contrā rem pūblicam et salūtem
omnium factūrum'.*"

Postquam Caesar dicundī fīnem fēcit, cēterī verbō 52
alius aliī variē adsentiēbantur. At M. Porcius Catō
rogātus sententiam huiusce modī ōrātiōnem habuit:

"Longē mihi alia mēns est, patrēs cōnscrīptī, cum rēs
atque perīcula nostra cōnsīderō et cum sententiās nōn-
nūllōrum ipse mēcum reputō. Illī mihi disseruisse videntur dē poenā eōrum quī patriae, parentibus, ārīs atque
focīs suīs bellum parāvēre; rēs autem monet cavēre ab
illīs magis quam quid in illōs statuāmus cōnsultāre.
Nam cētera maleficia tum persequāre ubi facta sunt; hoc
nisi prōvīderis nē accidat, ubi ēvēnit frūstrā iūdicia
implōrēs: captā urbe nihil fit reliquī victīs.

"Sed, per deōs immortālēs, vōs ego appellō, quī
semper domōs, vīllās, signa, tabulās vestrās plūris quam

rem pūblicam fēcistis: sī ista, cuiuscumque modī sunt, quae amplexāminī retinēre, sī voluptātibus vestrīs ōtium praebēre vultis, expergīsciminī aliquandō et capessite rem pūblicam! Nōn agitur dē vectīgālibus neque dē sociōrum iniūriīs: lībertās et anima nostra in dubiō est.

"Saepe numerō, patrēs cōnscrīptī, multa verba in hōc ōrdine fēcī, saepe dē luxuriā atque avāritiā nostrōrum cīvium questus sum, multōsque mortālēs eā causā adversōs habeō. Quī mihi atque animō meō nūllīus umquam dēlictī grātiam fēcissem, haud facile alterīus libīdinī male facta condōnābam. Sed ea tametsī vōs parvī pendēbātis, tamen rēs pūblica firma erat: opulentia neglegentiam tolerābat.

"Nunc vērō nōn id agitur, bonīsne an malīs mōribus vīvāmus, neque quantum aut quam magnificum imperium populī Rōmānī sit, sed haec, cuiuscumque modī videntur, nostra an nōbīscum ūnā hostium futūra sint. Hīc mihi quisquam 'mānsuētūdinem' et 'misericordiam' nōminat? Iam prīdem equidem nōs vēra vocābula rērum āmīsimus: quia bona aliēna largīrī 'līberālitās', malārum rērum audācia 'fortitūdō' vocātur, eō res pūblica in extrēmō sita est. Sint sānē, quoniam ita sē mōrēs habent, 'līberālēs' ex sociōrum fortūnīs, sint 'misericordēs' in fūribus aerārī, nē illī sanguinem nostrum largiantur et, dum paucīs scelerātīs parcunt, bonōs omnēs perditum eant!

"Bene et compositē C. Caesar paulō ante in hōc ōrdine dē vītā et morte disseruit, crēdō falsa exīstimāns ea quae dē Īnferīs memorantur: 'dīversō itinere malōs ā

(magnī/parvī/plūris/minōris) facere = aestimāre
cuius-cumque modī = quālia-cumque
amplexārī = amplectī, amāre
capessere -īvisse -ītum = suscipere; rem pūblicam c. = reī pūblicae operam dare

in dubiō : in perīculō

saepe numerō = saepe

in hōc ōrdine = in senātū

adversōs : adversāriōs

ego quī (: cum) ...

grātiam facere (+gen) = con-dōnāre = ignōscere : alterī libīdinōsō male facta (= maleficia) condōnābam
(parvī) pendere = aestimāre
: neglegentia tolerābātur ob opulentiam

haec : omnia quae possidēmus
utrum nostra an...
ūnā nōbīs-cum

līberālitās -ātis f < līberālis = quī sua largītur
eō = ideō
in extrēmō = in summō perīculō

misericors -rdis adi

nē = dummodo nē

dīversō itinere : cum dīversō itinere discēdant

61

formīdolōsus -a -um
= horribilis

bonīs loca taetra, inculta, foeda atque formīdolōsa habēre.' Itaque cēnsuit 'pecūniās eōrum pūblicandās, ipsōs per mūnicipia in cūstōdiā habendōs', vidēlicet timēns nē, sī Rōmae sint, aut ā populāribus coniūrātiōnis

con-dūcere = mercēde ad-
dūcere ad aliquid faci-
endum

aut ā multitūdine conductā per vim ēripiantur – quasi vērō malī atque scelestī tantummodo in urbe et nōn per

audācia : audācēs

totam Italiam sint, aut nōn ibi plūs possit audācia ubi ad dēfendundum opēs minōrēs sunt. Quārē vānum equidem hoc cōnsilium est, sī perīculum ex illīs metuit; sīn in

rē-fert = opus est

tantō omnium metū sōlus nōn timet, eō magis rēfert mē mihi atque vōbīs timēre. Quārē, cum dē P. Lentulō cēterīsque statuētis, prō certō habētōte vōs simul dē exercitū Catilīnae et dē omnibus coniūrātīs dēcernere. Quantō vōs attentius ea agētis, tantō illīs animus īn-

languēre = iners/ignāvus
esse
iam : continuō

firmior erit; sī paululum modo vōs languēre vīderint, iam omnēs ferōcēs aderunt.

"Nōlīte exīstimāre māiōrēs nostrōs armīs rem pūbli-

multō +sup = longē

cam ex parvā magnam fēcisse. Sī ita rēs esset, multō

quippe = etenim

pulcherrimam eam nōs habērēmus, quippe sociōrum atque cīvium, praetereā armōrum atque equōrum māior

illīs : māiōribus nostrīs

cōpia nōbīs quam illīs est. Sed alia fuēre quae illōs magnōs fēcēre, quae nōbīs nūlla sunt: domī industria, forīs iūstum imperium, animus in cōnsulundō līber

(dēlictō/libīdinī) obnoxius
= dēditus (: dēlinquēns/
libīdinōsus)
egestās ↔ opulentia

neque dēlictō neque libīdinī obnoxius. Prō hīs nōs habēmus luxuriam atque avāritiam, pūblicē egestātem,

inertia -ae f (< iners)
↔ industria
discrīmen nūllum fit

prīvātim opulentiam; laudāmus dīvitiās, sequimur inerti- am; inter bonōs et malōs discrīmen nūllum; omnia virtūtis praemia ambitiō possidet. Neque mīrum: ubi vōs

sēparātim sibi quisque cōnsilium capitis, ubi domī
voluptātibus, hīc pecūniae aut grātiae servītis, eō fit ut
impetus fīat in vacuam rem pūblicam.

"Sed ego haec omittō. Coniūrāvēre nōbilissimī cīvēs
patriam incendere, Gallōrum gentem īnfēstissimam nō-
minī Rōmānō ad bellum arcessunt; dux hostium cum
exercitū suprā caput est: vōs cūnctāminī etiam nunc et
dubitātis, quid intrā moenia dēprēnsīs hostibus faciātis?
Misereāminī, cēnseō – 'dēlīquēre hominēs adulēscentulī
per ambitiōnem!' – atque etiam armātōs dīmittātis! Nē
ista vōbīs mānsuētūdō et misericordia, sī illī arma
cēperint, in miseriam convertat! Scīlicet rēs ipsa aspera
est, sed vōs nōn timētis eam – immō vērō māximē, sed
inertiā et mollitiā animī alius alium exspectantēs
cūnctāminī, vidēlicet dīs immortālibus cōnfīsī, quī hanc
rem pūblicam saepe in māximīs perīculīs servāvēre.
Nōn vōtīs neque suppliciīs muliebribus auxilia deōrum
parantur: vigilandō, agundō, bene cōnsulundō prospera
omnia cēdunt. Ubi socordiae tē atque ignāviae trādide-
ris, nēquīquam deōs implōrēs: īrātī īnfēstīque sunt.

"Apud māiōrēs nostrōs T. Mānlius Torquātus bellō
Gallicō fīlium suum, quod is contrā imperium in hostem
pugnāverat, necārī iussit, atque ille ēgregius adulēscēns
immoderātae fortitūdinis morte poenās dedit – vōs dē
crūdēlissimīs parricīdīs quid statuātis cūnctāminī? Vidēlicet 'cētera vīta eōrum huic scelerī obstat' – vērum
parcite dignitātī Lentulī, sī ipse pudīcitiae, sī fāmae
suae, sī dīs aut hominibus umquam ūllīs pepercit!

---

sēparātim = sēcrētō, per sē

hīc : in senātū
servītis : obnoxiī estis

: ut patriam incenderent

dē-prēndere -prēndisse
-prēnsum = -prehendere
-prehendisse -prehēnsum

nē : *utinam* nē...

convertat = *sē* convertat

mollitia -ae *f* < mollis; m.
   animī : ignāvia, socordia
cōnfīsus = cōnfīdēns

supplicia -ōrum *n* = suppli-
   cātiōnēs

cēdunt : ēveniunt
(socordiae/ignāviae) sē trā-
dere = servīre, obnoxius
esse

[annō 340 a.C., v. LL cap.
   31.121-123]
: prō im-moderātā forti-
   tūdine

ob-stāre + *dat* = differre ab,
   abhorrēre ab
: parcite Lentulō ob dignitātem...!
parcere pepercisse parsum

: ignōscite Cethēgō ob adu-
lēscentiam!
iterum: is etiam priōris coniūrātiōnis socius fuit

nihil iīs pēnsī est = nihil
pēnsī habent

sī peccātō locus esset : sī
locus esset peccātī (errōris) corrigendī

faucibus urget : nōs dēvo-
rāre (absūmere) avet
in sinū urbis : in mediā
urbe

manifēstus (= noxius)
+ *gen*
sūmendum *esse*

ad caelum ferre (laudibus)
= valdē laudāre

multa legentī/audientī : dum
multa legō/audiō

mihi ... libuit attendere

negōtium sustinēre = fundā-
mentum/causa esse negōtiī
legiōnibus : exercitibus
Rōmānōs contendisse

ignōscite Cethēgī adulēscentiae, nisi iterum patriae bellum fēcit! Nam quid ego dē Gabīniō, Statiliō, Caepāriō
loquar? quibus sī quicquam umquam pēnsī fuisset, nōn
ea cōnsilia dē rē pūblicā habuissent.

"Postrēmō, patrēs cōnscrīptī, sī mehercule peccātō
locus esset, facile paterer vōs ipsā rē corrigī, quoniam
verba contemnitis. Sed undique circumventī sumus, Catilīna cum exercitū faucibus urget, aliī intrā moenia atque
in sinū urbis sunt hostēs, neque parārī neque cōnsulī
quicquam potest occultē: quō magis properandum est.

"Quārē ego ita cēnseō: *Cum nefāriō cōnsiliō scelerātōrum cīvium rēs pūblica in māxima perīcula vēnerit,
eīque indiciō T. Volturcī et lēgātōrum Allobrogum convictī cōnfessīque sint caedem, incendia aliaque sē foeda
atque crūdēlia facinora in cīvēs patriamque parāvisse,
dē cōnfessīs, sīcutī dē manifēstīs rērum capitālium, mōre
māiōrum supplicium sūmundum.*"

Postquam Catō adsēdit, cōnsulārēs omnēs itemque 53
senātūs magna pars sententiam eius laudant, virtūtem
animī ad caelum ferunt; aliī aliōs increpantēs 'timidōs!'
vocant. Catō clārus atque magnus habētur. Senātī dēcrētum fit sīcutī ille cēnsuerat.

– Sed mihi multa legentī, multa audientī quae populus
Rōmānus domī mīlitiaeque, marī atque terrā praeclāra
facinora fēcit, forte libuit attendere quae rēs māximē
tanta negōtia sustinuisset. Sciēbam saepe numerō parvā
manū cum magnīs legiōnibus hostium contendisse,
cognōveram parvīs cōpiīs bella gesta cum opulentīs

rēgibus, ad hoc saepe fortūnae violentiam tolerāvisse, fācundiā Graecōs, glōriā bellī Gallōs ante Rōmānōs fuisse. Ac mihi multa agitantī cōnstābat paucōrum cīvium ēgregiam virtūtem cūncta patrāvisse, eōque factum utī dīvitiās paupertās, multitūdinem paucitās superāret. Sed postquam luxū atque dēsidiā cīvitās corrupta est, rūrsus rēs pūblica magnitūdine suā imperātōrum atque magistrātuum vitia sustentābat ac, sīcutī esset effēta pariendō, multīs tempestātibus haud sānē quisquam Rōmae virtūte magnus fuit. Sed memoriā meā ingentī virtūte, dīversīs mōribus fuēre virī duo, M. Catō et C. Caesar. Quōs quoniam rēs obtulerat, silentiō praeterīre nōn fuit cōnsilium, quīn utrīusque nātūram et mōrēs, quantum ingeniō possem, aperīrem.

54 Igitur eīs genus, aetās, ēloquentia prope aequālia fuēre, magnitūdō animī pār, item glōria, sed alia aliī. Caesar beneficiīs ac mūnificentiā magnus habēbātur, integritāte vītae Catō. Ille mānsuētūdine et misericordiā clārus factus, huic sevēritās dignitātem addiderat. Caesar dandō, sublevandō, ignōscundō, Catō nihil largiundō glōriam adeptus est. In alterō miserīs perfugium erat, in alterō malīs perniciēs. Illīus facilitās, huius cōnstantia laudābātur. Postrēmō Caesar in animum indūxerat labōrāre, vigilāre, negōtiīs amīcōrum intentus sua neglegere, nihil dēnegāre quod dōnō dignum esset; sibi magnum imperium, exercitum, bellum novum exoptābat, ubi virtūs ēnitēscere posset. At Catōnī studium modestiae, decoris, sed māximē sevēritātis erat. Nōn dīvitiīs cum dīvite

---

Rōmānōs tolerāvisse
fācundiā -ae *f* (< fācundus)
= ēloquentia
ante Rōmānōs fuisse = Rōmānīs superiōrēs fuisse
agitāre (animō) = cōgitāre
: utī dīvitēs (Graecōs) pauperēs (Rōmānī), multōs paucī superārent
paupertās -ātis *f* ↔ dīvitiae
paucitās -ātis *f* ↔ multitūdō
(< pauper/paucī)

sustentābat : tolerābat
sīc-utī : quasi
effētus -a -um: (mulier)
effēta = partū fatīgāta

: quōs quoniam rēs (: haec nārrātiō) *nōbīs* obtulit (*nōscendōs*)
nōn *mihi* fuit cōnsilium
quīn + *coni* = ut nōn

aequālis -e = aequus

alia aliī : altera alterī

mūnificentia -ae *f* = līberālitās, largītiō
integritās -ātis *f* (< integer) = innocentia
clārus factus *est*

sub-levāre = adiuvāre

perniciēs = exitium

in animum in-dūcere = sibi prōpōnere, cōnstituere

dē-negāre = negāre, dare nōlle; d. *amīcīs*

ē-nitēscere -tuisse = effulgēre

factiō = studium factiōnum

in sententiam īre/discēdere :
sententiae assēntīre
optimum factū *esse* ratus
(: arbitrātus)
īn-stāre = prope adesse
(rēs) novāre = statum reī
pūblicae commūtāre
trēs-virī *capitālēs* Carcerem
cūstōdiendum et supplicia
sūmenda cūrābant

fornix -icis *m*
= arcus lapideus
humī dē-pressus = sub terrā
situs
īn-super *adv* = suprā
camera -ae *f* = tēctum arcu-
ātum
incultus -ūs *m* = status in-
cultus/neglēctus, sordēs

vindex -icis *m* < quī vindi-
cat; vindicēs rērum capitālium = trēsvirī capitālēs
gula -ae *f* = collum interius,
iugulum

exitus vītae : mors

neque factiōne cum factiōsō, sed cum strēnuō virtūte, cum modestō pudōre, cum innocente abstinentiā certābat. Esse quam vidērī bonus mālēbat: ita, quō minus petēbat glōriam, eō magis illum sequēbātur. –

Postquam, ut dīxī, senātus in Catōnis sententiam dis- 55 cessit, cōnsul optimum factū ratus noctem quae īnstābat antecapere, nē quid eō spatiō novārētur, trēsvirōs quae ad supplicium postulābantur parāre iubet; ipse, prae- sidiīs dispositīs, Lentulum in Carcerem dēdūcit; idem fit cēterīs per praetōrēs.

Est in Carcere locus, quod Tulliānum appellātur, ubi paululum ascenderis ad laevam, circiter duodecim pedēs humī dēpressus. Eum mūniunt undique parietēs atque īnsuper camera lapideīs fornicibus iūncta; sed incultū, tenebrīs, odōre foeda atque terribilis eius faciēs est. In eum locum postquam dēmissus est Lentulus, vindicēs rērum capitālium, quibus praeceptum erat, laqueō gulam frēgēre. Ita ille patricius ex gente clāris- simā Cornēliōrum, quī cōnsulāre imperium Rōmae habuerat, dignum mōribus factīsque suīs exitum vītae invēnit. Dē Cethēgō, Statiliō, Gabīniō, Caepāriō eōdem modō supplicium sūmptum est.

Carcer

[*Dē bellō Catilīnāriō*]

56 Dum ea Rōmae geruntur, Catilīna ex omnī cōpiā quam et ipse addūxerat et Mānlius habuerat duās legiōnēs īnstituit; cohortēs prō numerō mīlitum complet. Deinde, ut quisque voluntārius aut ex sociīs in castra vēnerat, aequāliter distribuerat, ac brevī spatiō legiōnēs numerō hominum explēverat, cum initiō nōn amplius duōbus mīlibus habuisset. Sed ex omnī cōpiā circiter pars quārta erat mīlitāribus armīs īnstrūcta; cēterī, ut quemque cāsus armāverat, sparōs aut lanceās, aliī praeacūtās sudēs portābant.

Sed postquam Antōnius cum exercitū adventābat, Catilīna per montēs iter facere; modo ad urbem, modo ad Galliam versus castra movēre, hostibus occāsiōnem pugnandī nōn dare: spērābat propediem magnās cōpiās sēsē habitūrum, sī Rōmae sociī incepta patrāvissent. Intereā servitia repudiābat, cuius initiō ad eum magnae cōpiae concurrēbant, opibus coniūrātiōnis frētus, simul aliēnum suīs ratiōnibus exīstimāns vidērī causam cīvium cum servīs fugitīvīs commūnicāvisse.

57 Sed postquam in castra nūntius pervēnit 'Rōmae coniūrātiōnem patefactam, dē Lentulō et Cethēgō cēterīsque (quōs suprā memorāvī) supplicium sūmptum', plērīque, quōs ad bellum spēs rapīnārum aut novārum rērum studium illēxerat, dīlābuntur; reliquōs Catilīna per montēs asperōs magnīs itineribus in agrum Pistōriēnsem abdūcit eō cōnsiliō utī per trāmitēs occultē perfugeret in Galliam Trānsalpīnam.

Catilīnārius -a -um
< Catilīna

prō numerō = ut numerus erat
ex sociīs *coniūrātiōnis*

aequāliter = aequē (per singulās cohortēs)
iūstō numerō (sēnīs mīlibus)
cum... habuisset = etsī... habuerat

cāsus = occāsiō
sparus -ī *m* = pīlum vēnātōris
prae-acuere -uisse -ūtum = prīmum acūtum facere
sudis -is *f* = pālus tenuis

: faci*ēbat*

: mov*ēbat*

: da*bat*

cuius : quōrum

aliēnum suīs ratiōnibus = aliēnum (: abhorrēns) *ā* suīs ratiōnibus (: cōnsiliīs)

dīlābuntur : clam discēdunt

Pistōriēnsis -e < Pistōria, oppidum Etrūriae
trāmes -itis *m* = via angusta, callis

67

prae-sidēre = exercituī
praeesse

eius : Catilīnae

dēscēnsus -ūs *m* < dēscen-
dere; illī d. erat = illī dē-
scendendum erat

utpote = scīlicet, quippe
quī... sequerētur : ut... s.
expedītus ↔ impedītus

At Q. Metellus Celer cum tribus legiōnibus in agrō Pīcēnō praesidēbat, ex difficultāte rērum eadem illa exīstimāns quae suprā dīximus Catilīnam agitāre. Igitur, ubi iter eius ex perfugīs cognōvit, castra properē mōvit ac sub ipsīs rādīcibus montium cōnsēdit, quā illī dēscēnsus erat in Galliam properantī. Neque tamen Antōnius procul aberat, utpote quī magnō exercitū locīs aequiōribus expedītus impedītōs in fugā sequerētur. Sed Catilīna, postquam videt montibus atque cōpiīs hostium sēsē clausum, in urbe rēs adversās, neque fugae neque praesidī ūllam spem, optimum factū ratus in tālī rē fortūnam bellī temptāre statuit cum Antōniō quam prīmum cōnflīgere. Itaque cōntiōne advocātā huiusce modī ōrātiōnem habuit:

ignāvus -a -um ↔ strēnuus

"Compertum ego habeō, mīlitēs, verba virtūtem nōn 58 addere neque ex ignāvō strēnuum neque fortem ex timidō exercitum ōrātiōne imperātōris fierī. Quanta cuiusque animō audācia nātūrā aut mōribus inest, tanta in bellō patēre solet. Quem neque glōria neque perīcula excitant, nēquīquam hortēre: timor animī auribus officit. Sed ego vōs quō pauca monērem advocāvī, simul utī causam meī cōnsilī aperīrem.

patēre : appārēre
hortēre = hortēris (*eum
quem...*)
of-ficere + *dat* = obstruere
quō... monērem = ut... monērem
meī cōnsilī : cum Antōniō
proeliō cōnflīgendī

quō-que modō... : et quō
modō factum sit ut... ne-
quīverim (= nōn potuerim)

quō locō : in quō perīculō,
quam difficilēs
iūxtā = aequē; i. mēcum :
tam bene quam ego

"Scītis equidem, mīlitēs, socordia atque ignāvia Lentulī quantam ipsī nōbīsque clādem attulerit, quōque modō, dum ex urbe praesidia opperior, in Galliam proficīscī nequīverim. Nunc vērō, quō locō rēs nostrae sint, iūxtā mēcum omnēs intellegitis: Exercitūs hostium duo, ūnus ab urbe, alter ā Galliā obstant. Diūtius in hīs locīs esse, sī māximē animus ferat, frūmentī atque aliārum rērum egestās prohibet. Quōcumque īre placet, ferrō iter aperiundum est. Quāpropter vōs moneō, utī fortī atque parātō animō sītis et, cum proelium inībitis, memineritis vōs dīvitiās, decus, glōriam, praetereā lībertātem atque patriam in dextrīs vestrīs portāre. Sī vincimus, omnia nōbīs tūta erunt, commeātūs abundē, mūnicipia atque colōniae patēbunt. Sī metū cesserimus, eadem illa adversa fīent, neque locus neque amīcus quisquam teget quem arma nōn tēxerint. Praetereā, mīlitēs, nōn eadem nōbīs et illīs necessitūdō impendet: nōs prō patriā, prō lībertāte, prō vītā certāmus; illīs supervacāneum est prō potentiā paucōrum pugnāre. Quō audācius aggrediminī, memorēs prīstinae virtūtis!

"Licuit vōbīs cum summā turpitūdine in exsiliō aetātem agere; potuistis nūnnūllī Rōmae, āmissīs bonīs, aliēnās opēs exspectāre: quia illa foeda atque intoleranda virīs vidēbantur, haec sequī dēcrēvistis. Sī haec relinquere vultis, audāciā opus est: nēmō nisi victor pāce bellum mūtāvit. Nam in fugā salūtem spērāre, cum arma quibus corpus tegitur ab hostibus āverteris, ea vērō dēmentia est. Semper in proeliō eīs māximum est perīculum quī māximē timent; audācia prō mūrō habētur.

"Cum vōs cōnsīderō, mīlitēs, et cum facta vestra aestimō, magna mē spēs victōriae tenet. Animus, aetās, virtūs vestra mē hortantur, praetereā necessitūdō, quae etiam timidōs fortēs facit. Nam multitūdō hostium nē circumvenīre queat, prohibent angustiae locī. Quod sī

sī : etiam sī
ferat : (nōs) impellat

quā-propter = quam ob rem

adversa : contrāria

tegere = prō-tegere

quō audācius = itaque eō
audācius

in-tolerandus -a -um = nōn
tolerandus
haec : mea cōnsilia (: bellum cīvīle)

pāce bellum mūtāre : prō
bellō pācem habēre

prō mūrō : tamquam mūrus

angustiae locī prohibent nē
multitūdō hostium *nōs* circumvenīre queat (= possit)

69

invīderit : praemium (victōriam) negāverit
cavēte *nē* inultī animam
(vītam) āmittātis!

lūctuōsus -a -um (< lūctus)
= lūctūs plēnus

virtūtī vestrae fortūna invīderit, cavēte inultī animam
āmittātis neu captī potius sīcutī pecora trucīdēminī
quam virōrum mōre pugnantēs cruentam atque lūctu-
ōsam victōriam hostibus relinquātis!"

Haec ubi dīxit, paululum commorātus signa canere 59
iubet atque īnstrūctōs ōrdinēs in locum aequum dēdūcit.

quō... amplior esset = ut...
eō amplior (māior) esset
prō locō/cōpiīs : ut locus/
cōpiae postulābant
plānitiēs -ēī *f* = campus
plānus (aequus)

reliquārum signa : reliquās
cohortēs
ēvocātus = iterum ad mīli-
tiam ēvocātus, *veterānus*
gregārius -a -um < grex; mīles gregārius = quī aliīs
praefectus nōn est

cūrāre : imperāre

cālō -ōnis *m* = servus mīlitis
propter = prope
ad-sistere = prope cōn-
sistere

Dein, remōtīs omnium equīs, quō mīlitibus exaequātō
perīculō animus amplior esset, ipse pedes exercitum prō
locō atque cōpiīs īnstruit. Nam utī plānitiēs erat inter
sinistrōs montēs et ab dextrā rūpēs asperās, octō cohortēs
in fronte cōnstituit, reliquārum signa in subsidiō artius
collocat. Ab eīs centuriōnēs, omnēs lēctōs et ēvocātōs,
praetereā ex gregāriīs mīlitibus optimum quemque
armātum in prīmam aciem subdūcit. C. Mānlium in
dextrā, Faesulānum quendam in sinistrā parte cūrāre
iubet; ipse cum lībertīs et cālōnibus propter aquilam
adsistit, quam bellō Cimbricō C. Marius in exercitū
habuisse dīcēbātur.

ne-quīre, *imperf* -ībat
proeliō adesse = in proeliō
adesse
permittere = committere
veterānus -a -um (< vetus)
= quī anteā mīlitāvit, ex-
pertus; *m* ↔ tīrō

At ex alterā parte C. Antōnius, pedibus aeger, quod
proeliō adesse nequībat, M. Petrēiō lēgātō exercitum
permittit. Ille cohortēs veterānās, quās tumultūs causā
cōnscrīpserat, in fronte, post eās cēterum exercitum in
subsidiīs locat. Ipse equō circumiēns ūnum quemque
nōmināns appellat, hortātur, rogat 'ut meminerint sē
contrā latrōnēs inermēs prō patriā, prō līberīs, prō ārīs
atque focīs certāre.' Homō mīlitāris, quod amplius

amplius *quam* annōs XXX

praefectus (auxiliōrum)

praetor : prō-praetor (impe-
rātor)

annōs trīgintā tribūnus aut praefectus aut lēgātus aut
praetor cum magnā glōriā in exercitū fuerat, plērōsque

ipsōs factaque eōrum fortia nōverat; ea commemorandō
mīlitum animōs accendēbat.

60   Sed ubi, omnibus rēbus explōrātīs, Petrēius tubā
signum dat, cohortēs paulātim incēdere iubet. Idem facit
hostium exercitus. Postquam eō ventum est unde ā
ferentāriīs proelium committī posset, māximō clāmōre
cum īnfēstīs signīs concurrunt; pīla omittunt, gladiīs rēs
geritur. Veterānī prīstinae virtūtis memorēs comminus
ācriter īnstāre, illī haud timidī resistunt. Māximā vī
certātur.

ferentārius -ī *m* = mīles
leviter armātus

com-minus *adv* (< com-
+ manus) : gladiīs
: īnst*ant*

Intereā Catilīna cum expedītīs in prīmā aciē versārī,
labōrantibus succurrere, integrōs prō sauciīs arcessere,
omnia prōvidēre, multum ipse pugnāre, saepe hostem
ferīre: strēnuī mīlitis et bonī imperātōris officia simul
exsequēbātur.

: versā*bātur, succurrēbat...*

labōrāns : auxiliō egēns

Petrēius ubi videt Catilīnam, contrā ac ratus erat,
magnā vī tendere, cohortem praetōriam in mediōs hostēs
indūcit eōsque perturbātōs atque aliōs alibī resistentēs
interficit; deinde utrimque ex lateribus cēterōs ag-
greditur. Mānlius et Faesulānus in prīmīs pugnantēs
cadunt. Catilīna, postquam fūsās cōpiās sēque cum
paucīs relictum videt, memor generis atque prīstinae
suae dignitātis in cōnfertissimōs hostēs incurrit ibique
pugnāns cōnfoditur.

tendere = contendere
cohors praetōria: mīlitēs
ēlēctī quī imperātōrem
cūstōdiunt
aliōs alibī, *aliōs alibī*

in prīmīs *ōrdinibus* pugnantēs

61   Sed cōnfectō proeliō tum vērō cernerēs quanta audācia quantaque animī vīs fuisset in exercitū Catilīnae.
Nam ferē quem quisque vīvus pugnandō locum cēperat,
eum āmissā animā corpore tegēbat. Paucī autem, quōs

ferē : paene
locum quem quisque...
pugnandō *dat* = ad pug-
nandum

71

dīversē = dīversīs locīs

vulnus adversum : in
  pectore

etiam *tum*
ferōcia -ae *f* = ferōcitās

ingenuus -a -um = līberīs
  parentibus nātus
: suae nōn magis quam hostium vītae pepercerant

in-cruentus -a -um

vīsere = vīsum īre, aspicere

hostīlia cadāvera = cadā-
  vera hostium
aliī..., pars... = aliī..., aliī...

mediōs cohors praetōria disiēcerat, paulō dīversius, sed omnēs tamen adversīs vulneribus conciderant. Catilīna vērō longē ā suīs inter hostium cadāvera repertus est, paululum etiam spīrāns ferōciamque animī quam habuerat vīvus in vultū retinēns. Postrēmō ex omnī cōpiā neque in proeliō neque in fugā quisquam cīvis ingenuus captus est: ita cūnctī suae hostiumque vītae iūxtā pepercerant!

Neque tamen exercitus populī Rōmānī laetam aut incruentam victōriam adeptus erat; nam strēnuissimus quisque aut occiderat in proeliō aut graviter vulnerātus discesserat. Multī autem, quī ē castrīs vīsundī aut spoliandī grātiā prōcesserant, volventēs hostīlia cadāvera amīcum aliī, pars hospitem aut cognātum reperiēbant; fuēre item quī inimīcōs suōs cognōscerent. Ita variē per omnem exercitum laetitia, maeror, lūctus atque gaudia agitābantur.

M. TVLLII CICERONIS
PRO M. CAELIO ORATIO

habita ad iūdicēs annō DCXCVIII a. u. c.

[De nātūrā Catilīnae]

12 At studuit Catilīnae, cum iam aliquot annōs esset in forō, Caelius! Et multī hoc idem ex omnī ōrdine atque ex omnī aetāte fēcērunt. Habuit enim ille, sīcutī meminisse vōs arbitror, permulta māximārum nōn expressa signa sed adumbrāta virtūtum.

Ūtēbātur hominibus improbīs multīs – et quidem optimīs sē virīs dēditum esse simulābat! Erant apud illum illecebrae libīdinum multae – erant etiam industriae quīdam stimulī ac labōris! Flagrābant vitia libīdinis apud illum – vigēbant etiam studia reī mīlitāris!

Neque ego umquam fuisse tāle mōnstrum in terrīs ūllum putō, tam ex contrāriīs dīversīsque atque inter sē pugnantibus nātūrae studiīs cupiditātibusque cōnflātum!

13 Quis clāriōribus virīs quōdam tempore iūcundior – quis turpiōribus coniūnctior? Quis cīvis meliōrum partium aliquandō – quis taetrior hostis huic cīvitātī? Quis in voluptātibus inquinātior – quis in labōribus patientior? quis in rapācitāte avārior – quis in largītiōne effūsior?

Illa vērō, iūdicēs, in illō homine admīrābilia fuērunt: comprehendere multōs amīcitiā, tuērī obsequiō; cum omnibus commūnicāre quod habēbat; servīre temporibus suōrum omnium pecūniā, grātiā, labōre corporis, scelere etiam, sī opus esset, et audāciā; versāre suam

M. Caelius *Rūfus,* quī adulēscēns Catilīnae cōnsulātum petentī studuit, dē vī reus ā Cicerōne dēfēnsus est annō 56 a.C.

in forō esse : arte ōrātōriā exercitārī

permulta signa māximārum virtūtum nōn expressa...
ex-pressus = plānus, vērus
adumbrātus = in speciem fictus, simulātus
ūtī (aliquō) = familiāriter vīvere (cum aliquō)

stimulus -ī *m* (+ *gen*) = quod stimulat (ad...)

quis... *fuit?* (nēmō!)

bonārum partium esse : bonīs partibus (optimātibus) studēre

inquinātus = sordidus
rapācitās -ātis *f* < *rapāx*
-ācis *adi* = rapīnae avidus
effūsus -a -um = immoderātus, profūsus

tuērī = servāre (sibi)
obsequium -ī *n* < obsequī

servīre temporibus suōrum = suīs (sociīs) servīre temporibus adversīs

scelere et audāciā : scelere audācī

73

torquēre -rsisse -rtum = circum vertere
remissus -a -um = quī sine cūrā est, laetus

facinorōsus -a -um (< facinus) = scelestus
luxuriōsus -a -um < luxuria
multi-plex -icis ↔ simplex

ad-simulāre = simulāre; adsimulātus = fictus

immānitās -ātis f < immānis; tot vitiōrum tanta i. : tot et tanta vitia immānia

condiciō : argūmentum
re-spuere = repudiāre

crīmen haereat *in Caeliō;* crīmen haeret in aliquō = aliquis accūsātur

magis est ut... : magis (causa) est quod...

mē errōris meī paenitet = mē errāsse molestē ferō

re-formīdāre (< formīdō) = formīdāre, timēre

nātūram et regere ad tempus atque hūc et illūc torquēre ac flectere; cum trīstibus sevērē, cum remissīs iūcundē, cum senibus graviter, cum iuventūte cōmiter, cum facinorōsīs audāciter, cum libīdinōsīs luxuriōsē vīvere!

Hāc ille tam variā multiplicīque nātūrā cum omnēs 14 omnibus ex terrīs hominēs improbōs audācēsque collēgerat, tum etiam multōs fortēs virōs et bonōs speciē quādam virtūtis adsimulātae tenēbat. Neque umquam ex illō dēlendī huius imperī tam cōnscelerātus impetus exstitisset, nisi tot vitiōrum tanta immānitās quibusdam facilitātis et patientiae rādīcibus nīterētur.

Quārē ista condiciō, iūdicēs, respuātur, nec Catilīnae familiāritātis crīmen haereat; est enim commūne cum multīs – et cum quibusdam bonīs. Mē ipsum, mē, inquam, quondam paene ille dēcēpit, cum et cīvis mihi bonus et optimī cuiusque cupidus et fīrmus amīcus ac fīdēlis vidērētur! Cuius ego facinora oculīs prius quam opīniōne, manibus ante quam suspīciōne dēprēndī.

Cuius in magnīs catervīs amīcōrum sī fuit etiam Caelius, magis est ut ipse molestē ferat errāsse sē – sīcutī nōnnumquam in eōdem homine mē quoque errōris meī paenitet! – quam ut istīus amīcitiae crīmen reformīdet.

INDEX VOCABVLORVM

INDEX VOCABVLORVM

INDEX NOMINVM

NOTAE

=	idem atque	*gen*	genetīvus
:	id est	Iān.	Iānuāriās, -īs
↔	contrārium	īd.	īdūs, īdibus
<	factum/ortum ex	*īnf*	īnfīnītīvus
/	sīve	*imperf*	imperfectum
+	cum	kal.	kalendās, -īs
a. C.	ante Chrīstum (nātum)	LL	LINGVA LATINA
a. d.	ante diem	*m*	masculīnum
abl	ablātīvus	*n*	neutrum
acc	accūsātīvus	*nōm*	nōminātīvus
adi	adiectīvum	nōn.	nōnās, -īs
adv	adverbium	Nov.	Novembrēs
a. u. c.	ab urbe conditā	p.	pāgina
cap.	capitulum	*pass*	passīvum
coni	coniūnctīvus	*perf*	perfectum
cōs.	cōnsul	*pers*	persōna
dat	datīvus	*pl*	plūrālis
Dec.	Decembrēs	*prp*	praepositiō
dēp	dēpōnēns	*sg*	singulāris
f	fēminīnum	*sup*	superlātīvus
fut	futūrum	v.	vidē

In INDICIBVS numerī pāginās significant.